JN074235

EY
Building a better
working world

現場の疑問に答える
会計シリーズ❸

Q&A 金融商品の 会計実務

EY新日本有限責任監査法人［編］

第2版

中央経済社

改訂にあたって

　証券・金融市場のグローバル化や企業の経営環境の変化に対応して企業会計の透明性を一層高めていくことを目的に，1999年1月に企業会計審議会から「金融商品に係る会計基準」が公表されました。この基準は，2006年に「金融商品に関する会計基準」として改正された後も，2006年8月には純資産会計基準および会社法への対応のため，2007年6月には有価証券の範囲拡大への対応のため，2008年3月には時価等の開示の充実のために改正されて現在に至っています。

　また，従来から，金融商品会計基準においても，公正価値に相当する時価（公正な評価額）の算定が求められていましたが，その算定方法に関する詳細なガイダンスは定められていませんでした。一方，国際会計基準審議会（IASB）や米国財務会計基準審議会（FASB）は，公正価値測定について詳細なガイダンスを定めており，国際的な比較可能性を確保するために，日本でも2019年7月に企業会計基準委員会より，企業会計基準第30号「時価の算定に関する会計基準」，企業会計基準適用指針第31号「時価の算定に関する会計基準の適用指針」が公表され，2021年4月以後開始する年度の期首より適用されました。これにより，金融商品に関する会計基準についても改正されています。また，2021年6月には時価の算定に関する会計基準に関し，投資信託の時価の算定に関する取扱いを新設する等の改正が行われ，2022年4月以後開始する年度の期首より適用されています。本書籍の第2版では，これらの会計基準等の公表や改正およびLIBOR廃止による影響等を反映しました。

　金融市場の発展や金融商品の開発は着実に進行し，デリバティブ取引や複合金融商品等は，複雑化の一途を辿っています。また，ヘッジ取引を中心に，デリバティブ取引を行う企業・組織の数も拡大しています。

　このような企業を取り巻く金融市場の変化を受け，金融商品会計の重要性が今後ますます高まっていくことは間違いないでしょう。

巻末に用意した「IFRSとの差異一覧」や「Keyword」も含めて，実務にお役立ていただき，本書が企業の実務担当者をはじめとする企業会計に携わる多くの方にご利用いただくことになれば，執筆者として望外の喜びです。

　2023年1月

EY新日本有限責任監査法人

佐久間　大輔

発刊にあたって

　日本企業を取り巻く経済情勢は，グローバル化のさらなる進展とともに，各国間の貿易問題，人口減少等のさまざまな問題が発生し，難しいかじ取りが必要な時代となっています。

　一方，企業会計の分野においては，国際会計基準（IFRS）の任意適用企業が2019年6月現在で180社を超えるなど，会計の国際化が進展しています。日本の会計基準においても「収益認識に関する会計基準」が企業会計基準委員会より2018年3月に公表され，2021年4月1日以降開始する事業年度より全面適用されることになるなど，国際会計基準および米国会計基準とのコンバージェンスが進んでいます。

　このような中，EY新日本有限責任監査法人は，「現場の疑問に答える会計シリーズ」を刊行することとしました。本シリーズは棚卸資産，固定資産，金融商品，研究開発費・ソフトウェア，退職給付，税効果，純資産，組織再編等の各テーマにおける会計論点を全編Q&A形式で解説し，基本的な論点から最新の会計論点，実務で問題となる事項までわかりやすく説明しております。また，各巻に巻末付録として「IFRSとの差異一覧」と「Keyword」を設けて読者の皆様の便宜に供しております。

　本「現場の疑問に答える会計シリーズ」はEY新日本有限責任監査法人の監査現場の経験が豊富な公認会計士が執筆しております。本シリーズが各企業の経理担当者の方々，また，広く企業会計を学ぼうとしている方々のお役に立つことを願っております。

　2019年7月

EY新日本有限責任監査法人

理事長　片倉　正美

目　　次

第6章 デリバティブ取引

第7章 ヘッジ会計

凡例

法令，会計基準等の名称	略　称
「財務諸表等の用語，様式及び作成方法に関する規則」の取扱いに関する留意事項について（財務諸表等規則ガイドライン）	財規ガイドライン
民法	民
独占禁止法	独禁法
企業会計基準第10号「金融商品に関する会計基準」	金融商品会計基準
会計制度委員会報告第14号「金融商品会計に関する実務指針」	金融商品会計実務指針
企業会計基準第30号「時価の算定に関する会計基準」	時価算定会計基準
企業会計基準適用指針第31号「時価の算定に関する会計基準の適用指針」	時価算定適用指針
企業会計基準適用指針第19号「金融商品の時価等の開示に関する適用指針」	時価開示適用指針
「金融商品会計に関するQ&A」（会計制度委員会）	金融商品Q&A
「外貨建取引等会計処理基準」（企業会計審議会）	外貨建取引会計基準
企業会計基準第 5 号「貸借対照表の純資産の部の表示に関する会計基準」	純資産の部会計基準
企業会計基準第 1 号「自己株式及び準備金の額の減少等に関する会計基準」	自己株式等会計基準
企業会計基準第25号「包括利益の表示に関する会計基準」	包括利益会計基準
企業会計基準適用指針第26号「繰延税金資産の回収可能性に関する適用指針」	回収可能性適用指針
実務対応報告第19号「繰延資産の会計処理に関する当面の取扱い」	繰延資産実務対応報告

第1章

金融商品会計の概要

Point

- 金融商品とは，金融資産・金融負債・デリバティブ取引に係る契約の総称です。
- 金融資産や金融負債といった概念が定義され，これらの発生する契約が金融商品に該当します。
- 金融商品の会計処理においては，どの時点で発生・消滅を認識するのか，どのように評価するのかが重要なポイントとなります。

Q1-1　会計基準等の種類

Q	金融商品に関連する会計基準や実務指針にはどのようなものがありますか。
A	金融商品会計全般を対象とした基準等としては，「金融商品に関する会計基準（企業会計基準第10号）」，「金融商品会計に関する実務指針（日本公認会計士協会会計制度委員会報告第14号）」，「金融商品会計に関するQ&A（会計制度委員会）」がありますが，このほかにもさまざまな基準等が公表されています。

解説

1．金融商品会計全般を対象とした会計基準等

　証券・金融市場のグローバル化や企業の経営環境の変化に対応して企業会計の透明性を一層高めていくことを目的に，平成11年1月に企業会計審議会から「金融商品に係る会計基準」が公表されました。その後，平成18年に「金融商品に関する会計基準」として改正されましたが，さらに以下のような三度の改正を経て現在に至っています。

　金融商品会計基準は，金融商品に関する会計処理を定めることを目的としており，金融商品の会計処理にあたってはすべての会社に適用されることになります。なお，企業会計原則等の他の会計基準においても資産の評価に係る規定が存在しますが，金融商品の評価にあたっては金融商品会計基準が優先して適用されます。

改正時期	主な改正内容
平成18年8月	純資産の部会計基準および会社法への対応
平成19年6月	有価証券の範囲拡大への対応
平成20年3月	時価等の開示の充実
令和元年7月	時価の算定に関する会計基準公表への対応

　また，この会計基準を実務に適用する場合の具体的な指針として，平成12年

1月に日本公認会計士協会会計制度委員会から「金融商品会計に関する実務指針」，平成12年9月に「金融商品会計に関するQ&A」が公表されました。これらの実務指針も，改正を繰り返して現在の形になっています。

2．金融商品会計の特定分野を対象とした会計基準等

　上記の3つの会計基準等のほかにも，金融商品会計の特定分野を対象とした会計基準等が以下のように多数公表されています。これらが一体となって，金融商品会計の枠組みを形成しています。

名　　称	発行体/番号
その他の複合金融商品（払込資本を増加させる可能性のある部分を含まない複合金融商品）に関する会計処理	企業会計基準適用指針第12号
払込資本を増加させる可能性のある部分を含む複合金融商品に関する会計処理	企業会計基準適用指針第17号
金融商品の時価等の開示に関する適用指針	企業会計基準適用指針第19号
時価の算定に関する会計基準	企業会計基準第30号
時価の算定に関する会計基準の適用指針	企業会計基準適用指針第31号
ローン・パーティシペーションの会計処理及び表示	会計制度委員会報告第3号
旧商法による新株予約権及び新株予約権付社債の会計処理に関する実務上の取扱い	実務対応報告第1号
デット・エクイティ・スワップの実行時における債権者側の会計処理に関する実務上の取扱い	実務対応報告第6号
コマーシャル・ペーパーの無券面化に伴う発行者の会計処理及び表示についての実務上の取扱い	実務対応報告第8号
種類株式の貸借対照表価額に関する実務上の取扱い	実務対応報告第10号
信託の会計処理に関する実務上の取扱い	実務対応報告第23号
電子記録債権に係る会計処理及び表示についての実務上の取扱い	実務対応報告第27号
子会社株式等に対する投資損失引当金に係る監査上の取扱い	監査委員会報告第71号

Q1-2　金融資産の範囲

Q	金融資産とはどのようなものですか。
A	現金預金，金銭債権（受取手形・売掛金・貸付金等），出資証券（株式等），有価証券（公社債等），デリバティブ取引により生じる正味の債権等をいいます。

解 説

1．金融商品の範囲

　金融商品とは，金融資産・金融負債・デリバティブ取引に係る契約の総称であり，金融商品会計実務指針第3項には，「金融商品とは，一方の企業に金融資産を生じさせ他の企業に金融負債を生じさせる契約及び一方の企業に持分の請求権を生じさせ他の企業にこれに対する義務を生じさせる契約」と定義されています。すなわち，金融資産・金融負債といった概念が定義され，これらの発生する契約が金融商品に該当するということになります。

2．金融資産の範囲

　金融資産とは，現金預金，受取手形・売掛金・貸付金等の金銭債権，株式その他の出資証券，公社債等の有価証券，デリバティブ取引により生じる正味の債権等をいいます。ここでいうデリバティブ取引とは，先物取引・先渡取引・オプション取引・スワップ取引などの複合的な金融取引を指します。

　各資産の所有者が有している権利内容は，以下のように整理することができます。

種　類	権利内容
預金	預金者が金融機関から現金を引き出すことのできる契約上の権利
金銭債権	元本・利息につき将来の一定期日に他の企業から現金を受け取ることのできる契約上の権利

| 出資証券 | 配当や第三者への売却により現金等を受け取り，また，出資先が清算した場合には残余財産の持分相当額を清算配当として受け取ることのできる契約上の権利 |
| デリバティブ取引により生じる正味の債権 | 反対取引による清算または損益確定，差額決済等により現金を受け取ることのできる契約上の権利 |

Q1-3　有価証券の範囲

Q	金融商品会計基準の対象となる有価証券とはどのようなものでしょうか。
A	原則として，金融商品取引法で有価証券として定義されているものが金融商品会計基準の対象となります。ただし，例外がある点については留意が必要です。

解　説

　有価証券については，原則として，金融商品取引法において定義された有価証券に該当すれば金融商品会計基準を適用します。具体的には，以下の表に掲げる商品が，金融商品取引法において有価証券として限定列挙されています。

　ただし，例外的な取扱いもあります。すなわち，金融商品取引法に定義された有価証券以外のものであっても，金融商品取引法上の有価証券に類似し，企業会計上の有価証券として取り扱うことが適当と認められるものについては金融商品会計基準の有価証券の範囲に含めて同会計基準を適用します。具体例としては，国内CDが挙げられます。

　また逆に，金融商品取引法上の有価証券であっても企業会計上の有価証券として取り扱うことが適当と認められないものについては，金融商品会計基準の有価証券には含めず，同会計基準を適用しません。具体例としては，一部の信託受益権が挙げられます。

条項	号	種　類
金融商品取引法第2条第1項	1	国債証券
	2	地方債証券
	3	特別の法律により法人の発行する債券（次号及び第11号に掲げるものを除く。）
	4	資産の流動化に関する法律（平成10年法律第105号）に規定する特定社債券
	5	社債券（相互会社の社債券を含む。以下同じ。）

	6	特別の法律により設立された法人の発行する出資証券（次号，第8号及び第11号に掲げるものを除く。）
金融商品取引法第2条第1項	7	協同組織金融機関の優先出資に関する法律（平成5年法律第44号。以下「優先出資法」という。）に規定する優先出資証券
	8	資産の流動化に関する法律に規定する優先出資証券又は新優先出資引受権を表示する証券
	9	株券又は新株予約権証券
	10	投資信託及び投資法人に関する法律（昭和26年法律第198号）に規定する投資信託又は外国投資信託の受益証券
	11	投資信託及び投資法人に関する法律に規定する投資証券，新投資口予約権証券若しくは投資法人債券又は外国投資証券
	12	貸付信託の受益証券
	13	資産の流動化に関する法律に規定する特定目的信託の受益証券
	14	信託法（平成18年法律第108号）に規定する受益証券発行信託の受益証券
	15	法人が事業に必要な資金を調達するために発行する約束手形のうち，内閣府令で定めるもの
	16	抵当証券法（昭和6年法律第15号）に規定する抵当証券
	17	外国又は外国の者の発行する証券又は証書で第1号から第9号まで又は第12号から前号までに掲げる証券又は証書の性質を有するもの（次号に掲げるものを除く。）
	18	外国の者の発行する証券又は証書で銀行業を営む者その他の金銭の貸付けを業として行う者の貸付債権を信託する信託の受益権又はこれに類する権利を表示するもののうち，内閣府令で定めるもの
	19	金融商品市場において金融商品市場を開設する者の定める基準及び方法に従い行う第21項第3号に掲げる取引に係る権利，外国金融商品市場（第8項第3号ロに規定する外国金融商品市場をいう。以下この号において同じ。）において行う取引であって第21項第3号に掲げる取引と類似の取引（金融商品（第24項第3号の2に掲げるものに限る。）又は金融指標（当該金融商品の価格及びこれに基づいて算出した数値に限る。）に係るものを除く。）に係る権利又は金融商品市場及び外国金融商品市場によらないで行う第22項第3号若しくは第4号に掲げる取引に係る権利（以下「オプション」という。）を表示する証券又は証書

	20	前各号に掲げる証券又は証書の預託を受けた者が当該証券又は証書の発行された国以外の国において発行する証券又は証書で，当該預託を受けた証券又は証書に係る権利を表示するもの
	21	前各号に掲げるもののほか，流通性その他の事情を勘案し，公益又は投資者の保護を確保することが必要と認められるものとして政令で定める証券又は証書
金融商品取引法第2条第2項	1	信託の受益権（前項第10号に規定する投資信託の受益証券に表示されるべきもの及び同項第12号から第14号までに掲げる有価証券に表示されるべきものを除く。）
	2	外国の者に対する権利で前号に掲げる権利の性質を有するもの（前項第十号に規定する外国投資信託の受益証券に表示されるべきもの並びに同項第17号及び第18号に掲げる有価証券に表示されるべきものに該当するものを除く。）
	3	合名会社若しくは合資会社の社員権（政令で定めるものに限る。）又は合同会社の社員権
	4	外国法人の社員権で前号に掲げる権利の性質を有するもの
	5	民法（明治29年法律第89号）第667条第1項に規定する組合契約，商法（明治32年法律第48号）第535条に規定する匿名組合契約，投資事業有限責任組合契約に関する法律（平成10年法律第90号）第3条第1項に規定する投資事業有限責任組合契約又は有限責任事業組合契約に関する法律（平成17年法律第40号）第3条第1項に規定する有限責任事業組合契約に基づく権利，社団法人の社員権その他の権利（外国の法令に基づくものを除く。）のうち，当該権利を有する者（以下この号において「出資者」という。）が出資又は拠出をした金銭（これに類するものとして政令で定めるものを含む。）を充てて行う事業（以下この号において「出資対象事業」という。）から生ずる収益の配当又は当該出資対象事業に係る財産の分配を受けることができる権利（例外あり）
	6	外国の法令に基づく権利であって，前号に掲げる権利に類するもの
	7	特定電子記録債権及び前各号に掲げるもののほか，前項に規定する有価証券及び前各号に掲げる権利と同様の経済的性質を有することその他の事情を勘案し，有価証券とみなすことにより公益又は投資者の保護を確保することが必要かつ適当と認められるものとして政令で定める権利

　なお，金融商品取引法第2条第2項に規定されているものは「みなし有価証

券」と呼ばれています。また，令和 2 年 5 月に改正施行された金融商品取引業等に関する内閣府令において，「電子記録移転有価証券表示権利等」が定められました。「電子記録移転有価証券表示権利等」とは，金融商品取引法第 2 条第 2 項に規定されるみなし有価証券のうち，電子情報処理組織を用いて移転することができる財産的価値に表示される場合に該当するものをいいます。

　こうした状況を踏まえ，企業会計基準委員会（ASBJ）は，令和 4 年 8 月に，実務対応報告第43号「電子記録移転有価証券表示権利等の発行及び保有の会計処理及び開示に関する取扱い」を公表し，基本的に従来のみなし有価証券を発行および保有する場合の会計処理と同様に取り扱うこととしました。

Q1-4　金融負債の範囲

Q	金融負債とはどのようなものですか。
A	金銭債務（支払手形・買掛金・借入金・社債等），デリバティブ取引により生じる正味の債務等をいいます。

解 説

　金融負債とは，支払手形・買掛金・借入金・社債等の金銭債務，デリバティブ取引により生じる正味の債務等をいいます。

　各負債の契約者が負っている義務内容は，以下のように整理することができます。

種　類	義務内容
金銭債務	将来の一定期日に他の企業に対して現金を引き渡す契約上の義務
デリバティブ取引により生じる正味の債務	反対取引による清算または損益確定，差額決済等により現金を引き渡す契約上の義務

Q1-5 金融商品会計基準の対象範囲

Q	典型的な取引以外では，どのようなものが金融商品会計基準の対象となりますか。
A	有価証券の消費貸借契約および消費寄託契約，将来返還される建設協力金等の差入預託保証金，商品ファンド，ゴルフ会員権等のうち株式または預託保証金から構成されるもの，債務保証契約，クレジット・デリバティブ，ウェザー・デリバティブ，当座貸越契約・貸出コミットメント，現物商品に係るデリバティブ取引のうち差金決済により取引されるもの，不動産等を譲り受けた特別目的会社が発行した社債・優先出資証券・コマーシャル・ペーパーなどは，金融商品会計基準の対象となります。

解　説

　Q1-1で解説したように，金融商品の会計処理にあたっては，金融商品会計基準が，すべての会社に適用されます。

　適用の要否について，典型的なもの以外では，以下のような取引が該当します。

1．金融商品会計基準の対象となる取引

取引例	理　由
有価証券の消費貸借契約および消費寄託契約	消費貸借契約は金融資産の消費貸借に係る契約であり，消費寄託契約は金融資産の消費寄託に係る契約であることから，金融商品である。
建設協力金等の将来において返還される差入預託保証金	契約に定めた期日に預託金受入企業が現金を返還し，差入企業がこれを受け取る契約であることから，金融商品である。
商品ファンド	運用状況に応じて現金配当があり，満期日または期前償還権の実行期日に現金で償還される契約であることから，金融商品である。

ゴルフ会員権等のうち株式または預託保証金から構成されるもの	株式および預託保証金は金融資産であり，ゴルフ会員権はこれらによって構成される商品であることから，金融商品である。
債務保証契約	通常，独立した第三者間では債務保証の対価として被保証人から保証人に対して保証料が支払われ，被保証先が債務不履行など一定の要件を満たした場合，保証人は保証債務を履行して現金を支払わなければならないことから，金融商品である。
クレジット・デリバティブ	当事者間で取り決めた者の信用状態等を反映する金銭の支払を相互に約束し，当該当事者間で取り決めた者の信用状態等に係る事象の発生に基づき金銭の支払・金融資産の移転を相互に約する契約であることから，金融商品である。
ウェザー・デリバティブ	平均気温や降雪量等の自然現象等にリンクしたデリバティブ取引であることから，金融商品である。
当座貸越契約・貸出コミットメント	金融機関等が，顧客と合意した一定の限度まで現金を貸し付けることを約する契約であることから，金融商品である。
現物商品に係るデリバティブ取引のうち差金決済により取引されるもの	対象となった現物商品の市場変動差損益が現金で決済される取引であることから，金融商品である。
不動産等を譲り受けた特別目的会社が発行した社債・優先出資証券・コマーシャル・ペーパー	金銭債権・出資証券であることから，金融商品である。

2．金融商品会計基準の対象とならない取引

取引例	理　由
保険契約	被保険者に損失が発生しない限り保険金が発生しないことから，満期返戻金のない掛け捨ての契約は，金融商品の定義を満たさない。 一方で，満期返戻金のある契約については，保険事由が発生しない限り満期に返戻金が支払われることから金融商品の定義を満たすものの，満期返戻金には純粋な保険部分と積立金部分が組み合わされており，両者の区分計算が極めて困難であることから，金融商品会計基準の対象外とされている。
退職給付債務	退職給付債務は金融負債であるものの，企業会計基準第26号「退職給付に関する会計基準」に従って処理されることから，金融商品会計基準の対象外とされている。
リース取引	リース債権・リース債務は金融資産・負債であるものの，リース取引は企業会計基準第13号「リース取引に関する会計基準」に従って処理されることから，金融商品会計基準の対象外とされている。
暗号資産	暗号資産は，金融資産の定義を満たさないことから，金融商品会計基準の対象外とされている（Q3-8参照）。

第2章

金融資産・負債の発生
および消滅の認識

Point

- 金融資産・金融負債自体を対象とする取引においては，契約締結時に発生を認識します。
- 金融資産は，その契約上の権利を行使したとき，権利を喪失したとき，権利に対する支配が他に移転したときに消滅を認識します。
- 金融負債は，その金融負債の契約上の義務を履行したとき，契約上の義務が消滅したとき，契約上の第一次債務者の地位から免責されたときに消滅を認識します。

Q2-1 　発生の認識

Q	金融資産・金融負債は，いつ発生を認識しますか。
A	金融資産・金融負債自体を対象とする取引においては，契約締結時に発生を認識します。

解 説

　金融資産・金融負債自体が対象ではない取引，例えば，商品の売買や役務提供があり，その対価として売掛金等の金銭債権債務が発生するような取引においては，契約の締結時ではなく，商品等の受渡し・役務提供の完了によってその発生を認識します。

　一方で，金融資産・金融負債自体を対象とする取引においては，契約時から当該金融資産・金融負債の時価が変動するリスクや契約の相手方の財政状態等に基づく信用リスクが契約当事者に生じることから，これとは異なる取扱いが金融商品会計基準に定められています。すなわち，金融資産の契約上の権利・金融負債の契約上の義務を生じさせる契約を締結したときは，原則として，当該金融資産・金融負債の発生を認識しなければならないものとされています。

Q2-2 金融資産の消滅

Q	金融資産は，いつ消滅を認識しますか。
A	金融資産は，その契約上の権利を行使したとき，権利を喪失したとき，権利に対する支配が他に移転したときに消滅を認識します。

解 説

1．金融商品会計基準の背景にある考え方

　金融資産の譲渡については，大きく2つの考え方があります。1つは，金融資産のリスクと経済価値のほとんどすべてが他に移転した場合に当該金融資産の消滅を認識する考え方（リスク・経済価値アプローチ）であり，もう1つは，金融資産を構成する財務的要素に対する支配が他に移転した場合に当該移転した財務構成要素の消滅を認識し，留保される財務構成要素の存続を認識する考え方（財務構成要素アプローチ）です。

　通常，金融資産は多数の財務的要素から構成されています。将来の現金流入という要素，回収サービスという要素，相手方の信用リスクという要素などです。

　例えば，金融資産を譲渡した後も回収業務は譲渡人が引き続き担うという状況を想定してみましょう。財務構成要素アプローチによると，将来の現金流入に対する支配が譲受人に移転している場合にはその権利に相当する部分については消滅を認識するなど，財務構成要素ごとに会計処理を行うことができます。また，債権の元本部分と金利部分を分離して流動化するといった部分的な譲渡にも対応できます。

　このように，財務構成要素アプローチのほうが取引の実質的な経済効果を財務諸表に適切に反映できるため，金融商品会計基準では財務構成要素アプローチが採用されています。

2．消滅の認識

　金融資産は，以下のいずれかに該当した時に消滅を認識します。

消滅を認識する場合	取 引 例
①契約上の権利を行使したとき	債権者が貸付金等の債権に係る資金を回収したとき
②契約上の権利を喪失したとき	保有者がオプション権を行使しないままに行使期間が満了したとき
③契約上の権利に対する支配が他に移転したとき	保有者が有価証券等を譲渡したとき

　①や②に該当するかどうかの判断は比較的容易ですが，③については何をもって支配の移転と捉えるのかについてさまざまな解釈が考えられることから，金融商品会計基準では以下のような３つの要件によって具体化しています。

> （要件１）譲渡された金融資産に対する譲受人の契約上の権利が譲渡人およびその債権者から法的に保全されていること
> （要件２）譲受人が譲渡された金融資産の契約上の権利を直接または間接に通常の方法で享受できること
> （要件３）譲渡人が譲渡した金融資産を当該金融資産の満期日前に買い戻す権利および義務を実質的に有していないこと

（要件１）金融資産に対する権利の保全

　譲渡された金融資産が譲渡人の倒産等のリスクから確実に引き離されていることが必要です。例えば，譲渡人が倒産した場合，譲渡人やその債権者等が，譲渡された金融資産に対して請求権等の何らかの権利を行使しうるような場合には，この要件を満たさないことになります。

　また，譲渡人が譲渡を取り消すことができるような契約が含まれている場合にもこの要件を満たさないことになります。

（要件２）金融資産に対する権利の享受

　譲受人が，元本の回収や利息・配当の受取りといった通常の方法によって投下した資金のほとんどすべてを回収できる等，譲渡された金融資産の契約上の権利を直接または間接に通常の方法で享受できることが必要です。

ここ注意！

　譲渡制限がついている場合には常に消滅の要件を満たさないというわけではありません。例えば，譲渡制限の内容が特定の競合相手への売却の禁止である場合には，それ以外の多数の売却先が想定できるため，消滅の要件を満たすことになります。また，譲受人にとって最も有利な第三者からの購入申込と同一条件による譲渡人の優先的買戻権が存在する場合にも，譲受人に不利益はないため消滅の要件を満たすことになります。

（要件3）実質的な買戻しの権利・義務

　現先取引や債券レポ取引のように，買い戻すことにより当該取引を完結することがあらかじめ合意されている取引については，その約定が売買契約であっても実質的には金融取引であることから，支配が移転しているとは認められません。

　すなわち，譲渡人が譲渡した金融資産を満期日前に買い戻す権利および義務を実質的に有していることにより，金融資産を担保とした金銭貸借と実質的に同様の効果を有する場合には，金融資産の消滅を認識しません。

　一方で，買戻権がついていたとしても，それが市場でいつでも取得できる資産である場合や時価での買戻しである場合には，譲受人に不利益はないため消滅の要件を満たすことになります。

Q2-3 金融負債の消滅

Q	金融負債は，いつ消滅を認識しますか。
A	金融負債は，その金融負債の契約上の義務を履行したとき，契約上の義務が消滅したとき，契約上の第一次債務者の地位から免責されたときに消滅を認識します。

解 説

金融負債は，以下のいずれかに該当した時に消滅を認識します。

消滅を認識する場合	取 引 例
①契約上の義務を履行したとき	債務を弁済したとき
②契約上の義務が消滅したとき	オプション権が行使されないままに行使期間が満了したとき
③契約上の第一次債務者の地位から免責されたとき	債務が免除されたとき

Q2-4　消滅の会計処理

Q	金融資産・金融負債の消滅にあたっては，どのように会計処理しますか。
A	金融資産・金融負債の消滅を認識するとともに，帳簿価額と対価との差額を当期の損益として処理します。

解 説

1．基本的処理方法

　金融資産・金融負債がその消滅の認識要件を満たした場合には，当該金融資産・金融負債の消滅を認識するとともに，帳簿価額とその対価としての受払額との差額を当期の損益として処理します。

2．一部が消滅した場合

　Q2-2で解説したとおり，金融商品会計基準は財務構成要素アプローチを採用していますので，金融資産・金融負債の一部がその消滅の認識要件を満たした場合には，当該部分の消滅を認識するとともに，消滅部分の帳簿価額と対価との差額を当期の損益として処理します。なお，消滅部分の帳簿価額は，当該金融資産・金融負債全体の時価に対する消滅部分と残存部分の時価の比率によって全体の帳簿価額を按分して計算します。

3．消滅に伴って金融資産・金融負債が発生した場合

　金融資産・金融負債の消滅に伴って新たな金融資産・金融負債が発生した場合には，当該金融資産または金融負債は時価によって計上します。

Q2-5 クロス取引と金融資産の消滅

Q	クロス取引は金融資産の消滅として認識してよいでしょうか。
A	クロス取引は金融資産の消滅の認識要件を満たさないため，売買取引として取り扱いません。 このため，すでに保有している銘柄について追加購入し，その直後に売却された場合には，簿価通算ができません。

解 説

1. 定 義

　クロス取引とは，金融資産を売却した直後に同一の金融資産を購入する取引で，売却時にその金融資産を再購入する契約を同時に結んでいるようなものをいいます。売買が逆の場合も同様にクロス取引となります。なお，通常，売買の間隔が5営業日以内であればクロス取引に該当すると考えられています。

2. 消滅の認識要件

　クロス取引に関しては，Q2-2で解説した「(要件3) 譲渡人が譲渡した金融資産を当該金融資産の満期日前に買い戻す権利および義務を実質的に有していないこと」という要件を満たしておらず，金融資産の契約上の権利に対する支配が他に移転しているとはいえないため，金融資産の消滅の認識要件を満たしません。これは，取引所取引でも相対取引でも同様です。

　このようなクロス取引は売買として認識しませんので，例えば購入の直後に売却された場合であっても，その購入した金融資産については，すでに保有する同一銘柄との簿価通算ができません。

　なお，契約書において，買い戻す権利・義務を取り決めていなかったり，売却と購入が別々の契約となっていたとしても，クロス取引であると認定されることがあります。例えば，譲渡価格と購入価格が同一の場合や，同一でなかったとしてもその差が譲渡の決済日と購入の決済日との期間の金利調整であるような場合です。このような場合には，譲渡人が再購入する同時の契約があるも

のと推定されます。再購入の契約が存在するかどうかの判断にあたっては，法
形式ではなく実質によるため，口頭で再購入を約束している場合や売り買いの
注文を同時に出している場合には契約が存在すると判断します。

　ただし，売買目的有価証券については，同一銘柄のものも含めて頻繁に売買
取引を繰り返すことが本来想定されているため，結果として同一価格になった
としてもクロス取引には該当しません。

Q2-6 ローン・パーティシペーションと金融資産の消滅

Q	ローン・パーティシペーションとはどのようなものですか。
A	ローン・パーティシペーションとは，金融機関等からの貸出債権に係る権利義務関係を移転させずに，原貸出債権に係る経済的利益とリスクを原貸出債権の原債権者から参加者に移転させる契約をいいます。

解 説

1. 概 要

ローン・パーティシペーションの一般的な仕組みは，以下のとおりです。

- 原債権者と参加者の二者間で契約する
- 参加者は，その参加割合に応じて，元利金として支払われた金銭等を受け取る利益を原債権者から取得し，その対価として原債権者に対して一定の金銭を支払う
- 原債権者から参加者への元利金の支払は，原債権者が原債務者から元利金を受領した場合にのみ行う
  ➡原貸出債権に付随するリスクは参加者に移転する
- 参加者は原債務者に対して直接的な請求権を有しない
  ➡原債務者への権利行使は原債権者による権利行使の結果に依存する

ローン・パーティシペーションは，債権譲渡のように貸出債権に係る権利義務関係を移転させるものではないため，貸出債権の原債権者と原債務者の権利義務関係は全く変化しません。このため，参加者は原債務者に対する直接の権利者ではなく，原債務者は自らにとって第三者である参加者から直接的に権利行使されるということはありません。

このように，ローン・パーティシペーションは，債務者の承諾を得ずに貸出債権を流動化できる点に特徴があります。

2. 会計処理

ローン・パーティシペーションは，参加者が現債務者に対して直接的な請求

権を有しないことから，Q2-2で解説した「（要件1）譲渡された金融資産に
対する譲受人の契約上の権利が譲渡人およびその債権者から法的に保全されて
いること」という要件を満たしておらず，金融資産の契約上の権利に対する支
配が他に移転しているとはいえないため，金融資産の消滅の認識要件を満たさ
ないことになります。

　しかし，我が国の商慣行上，債権譲渡に代わる債権流動化の手法として広く
利用されている実情を考慮し，金融商品会計基準では，以下の要件を満たすも
のに限り，債権の消滅を認識することが経過措置として認められています。

（**要件1**）対象となる原債権がローン・パーティシペーション契約で個別に特定
　　　　　されており，原債権の貸出条件（返済期日，利率等）と同一の条件が
　　　　　原債権者と参加者との間にも適用されること
（**要件2**）譲受人が譲渡された金融資産の契約上の権利を直接・間接に通常の方
　　　　　法で享受できること
（**要件3**）譲渡人が譲渡した金融資産を当該金融資産の満期日前に買い戻す権
　　　　　利・義務を実質的に有していないこと

　なお，原債権者が自ら特別目的会社を組成し，これを参加者とするローン・
パーティシペーション取引を行う場合には，利益操作につながることから，原
債権者は債権の消滅を認識することができません。

Q2-7 デット・アサンプションと金融負債の消滅

Q	デット・アサンプションとはどのようなものですか。
A	デット・アサンプションとは，企業が債務の履行に必要な資金を第三者に提供し，債務の履行をその第三者に引き受けてもらう契約をいいます。

解 説

　デット・アサンプションとは，企業が債務の履行に必要な資金を第三者に提供し，債務の履行をその第三者に引き受けてもらう契約をいいます。デット・アサンプションは，債務の返済を意味する実質的ディフィーザンス（in-substance defeasance）の一種だといえます。

　この契約を行ったとしても，第一次債務者の地位から法的に免除されるわけではないため，理論的には金融負債の消滅には該当しませんが，金融商品会計基準では，社債の発行者に対して遡求請求される可能性が極めて低い場合に限り，債務の消滅を認識することが経過措置として認められています。例えば，社債の元利金の支払に充てることのみを目的とした取消不能の他益信託を設定し，そこに元利金の保全が見込まれる高い信用格付の金融資産を拠出している場合です。国債・政府機関債のほか，複数の格付機関からダブルA格相当以上を得ている社債などがその要件を満たすと解されています。

　なお，金融商品会計基準においてデット・アサンプションによりオフ・バランスが認められている債務は社債のみであり，借入金や未払金等の他の債務はオフ・バランスできない点に留意する必要があります。

　また，企業が複数の社債を発行しており，このうち一部の社債についてデット・アサンプションを行っている場合，それ以外の社債の社債権者等は，信託した金融資産に対していかなる権利も有しないことが必要です。

　我が国では，社債の買入償還を行うための実務手続が煩雑であるため，法的には債務が存在している状態のまま社債をオフ・バランスすることにより，社債の買入償還と同等の財務上の効果を得るための手法として広く利用されています。

第3章

債権・貸倒見積高の算定

Point

- 債権は，取得価額から貸倒見積高に基づいて算定された貸倒引当金を控除した金額を貸借対照表価額とします。
- 貸倒見積高の算定にあたっては，債務者の財政状態・経営成績等に応じて債権を3つに区分した上で算定します。

Q3-1　債権の評価

Q	債権はどのように評価しますか。
A	取得価額から貸倒引当金を控除した金額を評価額とします。 ただし，債権を債権金額と異なる価額で取得した場合で，その差額が金利の調整と認められるときは，償却原価法に基づいて算定された価額から貸倒引当金を控除した金額を評価額とします。

解　説

1．評価額

　受取手形・売掛金・貸付金などの債権については，取得価額から貸倒見積高に基づいて算定された貸倒引当金を控除した金額を貸借対照表価額とします。金銭債権については活発な市場がなく時価を容易に取得できないケースが多いこと，売却を予定していないケースも多いことから，時価評価を行いません。

> 債権の評価額＝取得価額－貸倒引当金

　ただ，債権を取得する際，債権金額と取得価額とが異なる場合があります。この差異が金利の調整であると認められる場合には，金利相当額を適切に各期の財務諸表に反映させることが必要です。このため，債権を債権金額より低い価額または高い価額で取得した場合において，取得価額と債権金額との差額の性格が金利の調整と認められるときは，償却原価法に基づいて算定された価額から貸倒見積高に基づいて算定された貸倒引当金を控除した金額によって評価します。ここで，償却原価法とは，金融資産・金融負債を債権額・債務額と異なる金額で計上した場合において，当該差額に相当する金額を弁済期・償還期に至るまで毎期一定の方法で取得価額に加減する方法をいいます。この場合，加減額は受取利息・支払利息に含めて処理します。

> 債権の評価額＝償却原価法に基づいて算定された価額－貸倒引当金

2．償却原価法

償却原価法には，定額法と利息法の2つの方法があります。

例えば，満期まで2年間の債権100,000を98,000で取得し，この差額2,000は金利の調整としての性格を有しているとします。差額である2,000を2年間で均等に配分して取得価額に加算するのが定額法，複利計算で配分して取得価額に加算するのが利息法です。以下の事例で確認してください。

- 債権の取得日：X1年4月1日
- 債権の満期日：X3年3月31日
- 取得価額：98,000
- 債権金額：100,000
- クーポン利子率：0.8％（年間クーポン利息800）
- 実効利子率：1.827％

【定額法】

	調整前簿価	金利調整額	クーポン利息	調整後簿価
現在（取得日）	98,000	—	—	98,000
1年後	98,000	1,000	800	99,000
2年後（満期日）	99,000	1,000	800	100,000

【利息法】

	調整前簿価	金利調整額	クーポン利息	調整後簿価
現在（取得日）	98,000	—	—	98,000
1年後	98,000	(注1)991	800	98,991
2年後（満期日）	98,991	(注2)1,009	800	100,000

（注1）　98,000×実効利子率1.827％－クーポン利息800＝991
（注2）　98,991×実効利子率1.827％－クーポン利息800＝1,009

改めて定義すると，以下のとおりです。

【定額法】
　金利調整差額を取得日から満期日までの期間で除して各期に配分し，この配分額を帳簿価額に加減する方法。
【利息法】
　クーポン受取額と金利調整差額の合計額を帳簿価額に対し一定率（実効利子率）となるように，複利によって各期に配分し，この配分額とクーポン利息との差額を帳簿価額に加減する方法。

　金融商品会計実務指針では，原則として利息法によることとされていますが，元利の支払が弁済期限に一括して行われたり規則的に行われる契約となっている場合には定額法によることができるとされています。

Q3-2　貸倒見積高の算定（概要）

Q	貸倒見積高はどのように算定しますか。
A	貸倒見積高の算定にあたっては，債務者の財政状態・経営成績等に応じて債権を３つに区分した上で，その区分に応じて，過去の貸倒実績や担保・保証の状況を加味して算定します。

解　説

　貸倒見積高の算定にあたっては，債務者の財政状態・経営成績等に応じて，債権を①一般債権，②貸倒懸念債権，③破産更生債権等の３つに区分し，その区分に応じて，過去の貸倒実績や担保・保証の状況を加味して算定します。

　その方法には，個々の債権ごとに見積る方法（個別引当法）と，債権をまとめて過去の貸倒実績率により見積る方法（総括引当法）とがあります。

区　分	説　明
①一般債権	経営状態に重大な問題が生じていない債務者に対する債権
②貸倒懸念債権	経営破綻の状態には至っていないが，債務の弁済に重大な問題が生じているか，または生じる可能性の高い債務者に対する債権
③破産更生債権等	経営破綻または実質的に経営破綻に陥っている債務者に対する債権

1．一般債権

　一般債権とは，経営状態に重大な問題が生じていない債務者に対する債権をいいます。実務的には，貸倒懸念債権・破産更生債権等に該当しない債権を一般債権として区分します。

2．貸倒懸念債権

　貸倒懸念債権とは，経営破綻の状況には至っていないが，債務の弁済に重大

な問題が生じているか，または生じる可能性の高い債務者に対する債権をいいます。例えば，債務の弁済が概ね1年以上延滞している場合や，債務者に対し弁済条件の大幅な緩和（弁済期間の延長・弁済の一時棚上げ・元金または利息の一部免除など）を行っている場合には，債務の弁済に重大な問題が生じているといえます。

また，債務の弁済に重大な問題が生じる可能性が高いケースとしては，業況が低調・不安定であったり，財務内容に問題があり，過去の経営成績や経営改善計画の実現可能性を考慮しても債務の一部を条件どおりに弁済できない可能性が高い場合が挙げられます。なお，財務内容に問題があるかどうかを判断する際には，債務者が有する債権の回収可能性や資産の含み損等を考慮した実質的な検討が必要で，この結果，債務超過の状態に陥っている場合には，財務内容に問題があるといえます。

3．破産更生債権等

破産更生債権等とは，経営破綻または実質的に経営破綻に陥っている債務者に対する債権をいいます。

経営破綻に陥っている債務者とは，破産，清算，会社整理，会社更生，民事再生，手形交換所における取引停止処分等の事由が生じているなど，法的・形式的な経営破綻の事実が発生している債務者をいいます。

また，実質的に経営破綻に陥っている債務者とは，法的・形式的な経営破綻の事実は発生していないものの，深刻な経営難の状態にあり，再建の見通しがない状態にあると認められる債務者をいいます。

Q3-3 貸倒見積高の算定（一般債権）

Q	一般債権の貸倒見積高はどのように算定しますか。
A	債権の信用リスクの程度に応じて求めた過去の貸倒実績率等，合理的な基準により貸倒見積高を算定します。

解　説

1．概　要

　一般債権には，経営状態に全く問題のない債務者に対する債権から，経営状態に軽微な問題はあるが貸倒懸念先には該当しない債務者に対する債権まで，幅広い信用リスクの債権が含まれます。この場合，債権全体について1つの引当率で貸倒見積高を算定することが適切ではないことから，信用リスクのランク付けを行って，それぞれのリスクに応じた引当てを実施することが望ましいといえます。

　このため，一般債権については，債権全体または同種・同類の債権ごとに，債権の信用リスクの程度に応じて求めた過去の貸倒実績率等，合理的な基準により貸倒見積高を算定します。これを貸倒実績率法といいます。

　なお，ここでいう同種とは，売掛金・受取手形・貸付金・未収金等の債権の種類が同一のものをいい，同類とは，営業債権か営業外債権かという区分や短期か長期かといった区分など，同種かどうかの区分よりもさらに大きな区分が同一のものをいいます。

2．貸倒実績率

　貸倒実績率は，ある時点の債権残高を分母とし，その債権の翌期以降における貸倒損失額を分子として算定します。貸倒損失額を集計する期間は，債権の平均回収期間が妥当であり，それが1年を下回る場合には1年とします。

　また，各算定期間ごとの貸倒実績の変動を平準化するために，当期末に保有する債権に適用する貸倒実績率を算定するにあたっては，当期を最終年度とする算定期間とそれ以前の2～3算定期間に係る貸倒実績率の平均値を用います。

> **ここ注意！**
>
> 　ただし，この貸倒実績率法は，企業の保有する一般債権の信用リスクが毎期同程度であることを前提としています。外部環境等の変化により，期末日に保有する債権の信用リスクが過去に有していた債権の信用リスクと著しく異なる場合には，過去の貸倒実績率を補正することが必要です。

　また，企業が新規業態に進出した場合等，過去の貸倒実績率を用いることができない場合やそれが適切でない場合には，同業他社の引当率や経営上用いている合理的な貸倒見積高を採用することが必要となることもあります。

設例3-1　一般債権の貸倒実績率法に基づく貸倒見積高の算定

(前提条件)

① 債権の平均回収期間＝3年

② 貸倒損失は債権発生年度以降の2年目，3年目に発生する。なお，T-5期の残高にはT-6期以前に発生した債権残高も含まれているため，T-4期にも貸倒損失が発生するものとする。

③ T-5期からT期までの債権の発生，回収および貸倒れに関するデータは，以下のとおり。

	T-5期	T-4期	T-3期	T-2期	T-1期	T期	当初元本損失累計
元本期末残高 貸倒損失	6,000	4,000 30	2,000 25	0 20			6,000 75
元本期末残高 貸倒損失		2,100	1,400 15	700 20	0		2,100 35
元本期末残高 貸倒損失			2,400	1,600 10	800 15	0	2,400 25
元本期末残高 貸倒損失				3,000	2,000 25	1,000	3,000 25
元本期末残高 貸倒損失					2,700	1,800	2,700
元本期末残高 貸倒損失						3,300	3,300

| 元本期末残高合計 | 6,000 | 6,100 | 5,800 | 5,300 | 5,500 | 6,100 | |
| 貸倒損失合計 | 0 | 30 | 25 | 35 | 30 | 40 | |

（会計処理）

1．発生年度ごとの貸倒実績率の平均値による方法

　この方法では，基準年度末の債権残高に対する，翌期以降3年間での貸倒損失累計額の発生割合を貸倒実績率とし，その過去3年間での平均値をもって貸倒引当金を計算することになります。

　まず，基準となる各算定期間に係る貸倒実績率を計算すると，以下のようになります。

- T−5期を基準年度とする貸倒実績率＝75÷6,000＝1.25％
- T−4期を基準年度とする貸倒実績率＝35÷2,100＝1.67％
- T−3期を基準年度とする貸倒実績率＝25÷2,400＝1.04％

　次に，上記の3算定期間に係る貸倒実績率の平均値を計算して，T期の貸倒見積高の算定に適用する貸倒実績率を計算すると，以下のようになります。

　　（1.25＋1.67＋1.04）÷3＝1.32％

　最後に，当期の貸倒引当金計上額を計算します。その際は，当期末に残高のある債権の基準年度残高に，当期に適用する貸倒実績率を乗じて貸倒損失総発生額を見積り，そこから当期発生額を控除します。

　　（3,000＋2,700＋3,300）×1.32％−25＝94

- -
（借）　貸倒引当金繰入額　　　　　94　（貸）　貸　倒　引　当　金　　　　　94
- -

2．合計残高ごとの貸倒実績率の平均による方法

　この方法では，基準年度以降3年間で発生した貸倒損失総額を，当該基準年度末の債権残高で除すことにより貸倒実績率を求めます。

　まず，基準となる各算定期間に係る貸倒実績率を計算すると，以下のようになります。

- T−5期を基準年度とする貸倒実績率＝（30＋25＋35）÷6,000＝1.50％
- T−4期を基準年度とする貸倒実績率＝（25＋35＋30）÷6,100＝1.48％

- T-3期を基準年度とする貸倒実績率＝（35＋30＋40）÷5,800＝1.81%

　次に，上記の3算定期間に係る貸倒実績率の平均値を計算して，T期の貸倒見積高の算定に適用する貸倒実績率を計算すると，以下のようになります。

　　（1.50＋1.48＋1.81）÷3＝1.60%

　最後に，当期の貸倒引当金計上額を計算します。その際は，当期末に残高のある債権の合計期末残高に，当期に適用する貸倒実績率を乗じて貸倒損失総発生額を見積り，それを貸倒引当金計上額とします。

　　6,100×1.60%＝97

（借）　貸倒引当金繰入額	97	（貸）　貸 倒 引 当 金	97

Q3-4 貸倒見積高の算定（貸倒懸念債権）

Q	貸倒懸念債権の貸倒見積高はどのように算定しますか。
A	財務内容評価法またはキャッシュ・フロー見積法によって算定します。

解 説

1. 概 要

貸倒懸念債権については，個々の債権の実態に最も適合する算定方法を採用するため，債権の状況に応じて次のいずれかの方法により貸倒見積高を算定します。ただし，同一の債権については，債務者の財政状態・経営成績や債務返済計画等が変化しない限り，同一の方法を継続して適用しなければなりません。

【財務内容評価法】
　債権額から担保の処分見込額および保証による回収見込額を減額し，その残額について債務者の財政状態および経営成績を考慮して貸倒見積高を算定する方法。
【キャッシュ・フロー見積法】
　債権の元本の回収および利息の受取りに係るキャッシュ・フローを合理的に見積ることができる債権については，債権の元本および利息について元本の回収および利息の受取りが見込まれるときから当期末までの期間にわたり当初の約定利子率で割り引いた金額の総額と債権の帳簿価額との差額を貸倒見積高とする方法。

2. 財務内容評価法

財務内容評価法を採用する場合には，債務者の経営状態，債務超過の程度，延滞の期間，事業活動の状況，銀行等金融機関および親会社の支援状況，再建計画の実現可能性，今後の収益および資金繰りの見通し等，債権の回収に関係のある一切の定量的・定性的要因を考慮し，債務者の支払能力を総合的に判断する必要があります。一般事業会社においては，債務者の支払能力の判断材料となる資料の入手が困難な場合もあるため，例えば，貸倒懸念債権と初めて認定した期には，担保の処分見込額および保証による回収見込額を控除した残額の50％を引き当て，次年度以降において，毎期見直す等の簡便法を採用するこ

とも考えられますが，重要性の高い貸倒懸念債権については，可能な限り資料を入手し，個別に最善の見積りを行うことが必要です。

　担保の処分見込額については，合理的に算定した時価に基づいて算出しなければならず，その際には当該担保の信用度・流通性・時価が変動する可能性を考慮する必要があります。ただし，簡便法として，担保の種類ごとに信用度・流通性・時価が変動する可能性を考慮した一定割合の掛目を時価に乗じて処分見込額を算出することも認められます。

　また，保証による回収見込額については，保証人の資産状況等を参考にしてその保証能力を判断しますが，保証人が個人である場合には保証意思を確認し，法人である場合には保証履行の確実性について検討する必要があります。

　そして，担保の処分見込額や保証による回収見込額については，定期的に見直す必要があります。

　この他，清算配当等により回収が可能と認められる金額については，担保の処分見込額および保証による回収見込額と同様に取り扱うことができますが，その際には，当該債務者の清算貸借対照表を作成し，それに基づく清算配当等の合理的な見積りが可能でなければなりません。

設例 3-2　財務内容評価法に基づく貸倒見積高の算定

前提条件

① 　A社がB社に対して有する債権残高＝20,000,000

② 　担保の処分見込額＝8,000,000

③ 　保証による回収見込額＝4,000,000

④ 　債務者の財政状態および経営成績を考慮した結果，債権額から担保の処分見込額および保証による回収見込額を減額した残額の40％を貸倒引当金とする。

会計処理

　(20,000,000 − 8,000,000 − 4,000,000) × 40％ ＝ 3,200,000を貸倒引当金として計上します。

| (借) 貸倒引当金繰入額 | 3,200,000 | (貸) 貸倒引当金 | 3,200,000 |

3．キャッシュ・フロー見積法

　キャッシュ・フローを見積るにあたっては，その回収可能性を考慮する必要があります。このため，契約条件どおりに債権の元利回収ができない可能性がある場合には，入金可能な時期と金額を反映した将来キャッシュ・フローを見積ります。そして，その将来キャッシュ・フローを，債権の発生当初の約定利子率または取得当初の実効利子率で割り引きます。

　この将来キャッシュ・フローの見積りは，少なくとも各期末に更新し，貸倒見積高を洗い替えます。

　なお，キャッシュ・フロー見積法は割引計算を伴うため，時間の経過に応じて貸倒見積高が減少します。この減少分は原則として受取利息に含めて処理しますが，貸倒引当金戻入額として営業費用・営業外費用から控除するか営業外収益に計上することもできます。

設例3-3　キャッシュ・フロー見積法に基づく貸倒見積高の算定

（前提条件）
① 　A社がB社に対して有する債権残高＝20,000,000
② 　約定利子率＝5％（年1回毎期末，後払い）
③ 　残存期間5年（期限一括返済）
④ 　X1年3月31日の利払い後にB社から条件緩和の申し出があり，A社は約定利子率を2％に引き下げることに同意した。
⑤ 　将来キャッシュ・フローの状況は以下のとおり。

	X2年 3月31日	X3年 3月31日	X4年 3月31日	X5年 3月31日	X6年 3月31日	合計
契約上の将来キャッシュ・フロー	1,000,000	1,000,000	1,000,000	1,000,000	21,000,000	25,000,000
約定利子率5％に基づく現在価値割引率	1.05	$(1.05)^2$	$(1.05)^3$	$(1.05)^4$	$(1.05)^5$	
条件緩和後の将来キャッシュ・フローの当初の見積り	400,000	400,000	400,000	400,000	20,400,000	22,000,000

⑥ 　各利払日において予想される条件緩和後の将来キャッシュ・フローの見積りが

条件緩和時と同じである場合における当初約定利子率で割り引いた現在価値は以下のとおり。

	X2年3月31日	X3年3月31日	X4年3月31日	X5年3月31日	X6年3月31日	合計
X1年3月31日	380,952	362,812	345,535	329,081	15,983,934	17,402,314
X2年3月31日		380,952	362,812	345,535	16,783,130	17,872,430
X3年3月31日			380,952	362,812	17,622,287	18,366,051
X4年3月31日				380,952	18,503,401	18,884,353
X5年3月31日					19,428,571	19,428,571

(会計処理)

1．X1年3月31日（条件緩和時）

条件緩和に伴い，債権金額20,000,000と現在価値17,402,314の差額2,597,686を貸倒引当金に計上します。

(借) 貸倒引当金繰入額	2,597,686	(貸) 貸倒引当金	2,597,686

2．X2年3月31日（時間の経過による貸倒見積高の減額を受取利息として処理する方法）

発生する利息は，予想される将来キャッシュ・フローを当初約定利子率で割り引いた17,402,314を元本として，当初の約定利子率（5％）を乗じた870,116となるため，入金額400,000との差額470,116の貸倒引当金を取り崩します。以後の各期も同様の処理を行います。

(借) 現 金 預 金	400,000	(貸) 受 取 利 息	870,116
貸 倒 引 当 金	470,116		

3．X2年3月31日（時間の経過による貸倒見積高の減額を貸倒引当金戻入益として処理する方法）

入金額400,000を受取利息に計上する一方で，当初約定利子率で割り引いた現在価値の合計は17,872,430であるため，X1年3月31日における現在価値合計17,402,314との差額470,116を貸倒引当金の取崩しとして処理します。以後の各期も同様の処

理を行います。

（借）現　金　預　金	400,000	（貸）受　取　利　息	400,000
貸　倒　引　当　金	470,116	貸倒引当金戻入益	470,116

Q3-5   貸倒見積高の算定（破産更生債権等）

Q	破産更生債権等の貸倒見積高はどのように算定しますか。
A	債権額から担保の処分見込額・保証による回収見込額を減額し，その残額を貸倒見積高とします。

解 説

1．概　要

　破産更生債権等については，債権額から担保の処分見込額および保証による回収見込額を減額し，その残額を貸倒見積高とします。

　担保・保証の取扱いについては，Q3-4で解説した貸倒懸念債権の場合と同様です。

　また，清算配当等により回収が可能と認められる金額については，担保の処分見込額および保証による回収見込額と同様に取り扱うことができます。例えば，清算人等から清算配当等として通知を受けた場合にはその通知額を回収可能としますが，他にも，当該債務者の清算貸借対照表を作成して清算配当等の合理的な見積りが可能な場合にはその見積額を回収可能とすることができます。

2．直接減額による取崩し

　Q3-1で解説したとおり，債権については，取得価額から貸倒引当金を控除した金額を評価額としますが，破産更生債権等のうち，債権の回収可能性がほとんどないと判断されたものについては，債権を直接償却します。

　会計処理としては，貸倒損失額を債権から直接減額し，同額だけ前期末の貸倒引当金残高を取り崩します。当該債権に係る前期末の貸倒引当金が不足する場合には，当該不足額を債権の性格に応じて営業費用または営業外費用に計上します。

　また，貸倒見積高を債権から直接減額した後に，帳簿価額を上回る回収があった場合には，回収した会計期間に収益を認識し，原則として営業外収益とします。

Q3-6　貸倒実績がない場合

Q	過去に貸倒実績がない会社については，実績繰入率をゼロ％とすることができますか。
A	過去において貸倒れの実績がなく，将来においても発生の可能性がないと合理的に予想される場合には，貸倒引当金繰入額はゼロとなります。

解　説

　企業の業務の特性や債権の内容から，過去において貸倒れの実績がなく，将来においても発生の可能性がないと合理的に予想される場合には，貸倒引当金繰入額はゼロとなります。

　一方，算定対象期間中には貸倒れが発生していないものの，それより前には発生している場合には留意が必要です。

ここ注意！

　一般に貸倒実績率の算定対象期間は景気変動の1サイクルよりも短いことから，債権の回収期間における貸倒れの可能性を合理的に見積れていない可能性があります。過去に発生した貸倒れの相手先，債権の内容，発生した当時における企業内の債権管理体制，外部経営環境等を現在の状況と比較し，債権の回収期間内における貸倒れの発生がないと合理的に予想できない場合には貸倒引当金繰入額をゼロとすることは認められないと考えられます。この場合には，過去における貸倒実績率の推移等に基づいて貸倒実績率を算定することになります。

Q3-7　債権の未収利息

Q	利息の支払を受けられていない債権についても，未収利息を計上できますか。
A	回収可能性が損なわれている場合には，未収利息を計上することができません。また，当該債権については，すでに計上している未収利息を取り崩す必要があります。

解 説

1．計上の可否

　契約上の利息支払日を相当期間経過しても利息の支払が行われていない状態にある場合や，債務者が実質的に経営破綻の状態にあると認められる場合には，回収できる可能性が低下していることから，未収利息を収益として認識することは適当でないと考えられます。このような状態に至った場合には，すでに計上している未収利息を取り消すとともに，それ以後の期間に係る未収利息は計上することができません。債務者の状況によりますが，未収利息を不計上とする延滞期間は一般的に6か月から1年程度が目安となり，これ以上延滞した場合には回収可能性が損なわれたと判断し，未収利息を取り消します。

　また，利息の支払を契約どおりに受けられないため利払日を延長したり，利息を元本に加算することとした場合にも，未収利息の回収可能性が高いと認められない限り，未収利息を不計上とします。

　なお，すでに計上されている未収利息を取り消す場合，前期以前の計上分については，原則として貸倒損失または貸倒引当金の目的使用として処理しますが，多数の債権を有しており継続的に未収利息不計上債権が発生することが避けられず，原則法を適用することが実務上困難な場合に，受取利息の控除とすることも認められます。当期の計上分については，受取利息の計上を取り消します。

２．一部入金

　未収利息を不計上とした債権に係る入金があった場合，それが利息の支払であることが明確であれば，利息部分は利息の入金として処理します。明確でない場合には，元本の入金として処理します。

３．再計上

　いったん未収利息を不計上とした債権は，実質的に元利の回収可能性が回復したと認められれば，それ以降は未収利息を計上できるようになります。そのためには，以下の条件を満たすことが必要です。

---

　①　債権が一般債権に区分される条件を満たしていること
　②　債権が元利とも原契約の条件で延滞を解消していること

　このため，元本・利息の受取条件を緩和し，先送りしたことによって形式的に延滞を解消しただけでは，この条件を満たしたことにはなりません。ただし，債権元本の一部放棄や金利の減免により，残債権が元金・利息とも回収可能性に懸念のない状態になった場合には，それ以後に発生する利息を未収利息として計上することができます。

Q3-8　暗号資産の評価

Q	暗号資産は金融資産ですか。また，どのように評価しますか。
A	暗号資産は金融資産に該当しません。また，期末においては，活発な市場が存在する場合には，市場価格に基づく価額をもって貸借対照表価額とします。

解 説

1．暗号資産の会計上の取扱いと期末の評価方法

　暗号資産は，有価証券などの金融資産に類似した性格を有するため，金融資産として会計処理してよいのでは，という考え方があります。一方，日本の会計基準においては，金融資産について「現金，他の企業から現金もしくはその他の金融資産もしくは金融負債を交換する契約上の権利，または他の企業の株式その他の出資証券である」と定められています。また，国際的な会計基準においても，金融商品とは，一方の企業にとっての金融資産と，他の企業にとっての金融負債または資本性金融商品の双方を生じさせる契約と考えられています。

　暗号資産は，上記会計基準における金融資産の定義を満たさないことから，現金以外の金融資産には該当せず，金融資産として取り扱うことは妥当ではない旨が実務対応報告第38号「資金決済法における仮想通貨の会計処理等に関する当面の取扱い」に定められています。また，当該実務対応報告において，期末における暗号資産の評価方法は以下のとおり定められています。

---

① 活発な市場が存在する場合
　市場価格に基づく価額をもって貸借対照表価額とし，帳簿価額との差額は当期の損益として処理する。
② 活発な市場が存在しない場合
　取得原価をもって貸借対照表価額とする。また，期末における処分見込価額が取得原価を下回る場合には，当該処分見込価額をもって貸借対照表価額とし，取得原価と当該処分見込価額との差額は当期の損失として処理する。

　なお，令和 2 年に一般社団法人日本暗号資産取引業協会から，「暗号資産取引業における主要な経理処理例示」が公表されています。

2 ．自己に割り当てた暗号資産の会計処理

　実務対応報告第38号「資金決済法における仮想通貨の会計処理等に関する当面の取扱い」では，自己に割り当てた暗号資産の会計処理は対象外となっており，当該暗号資産の会計処理についての明確な定めは存在しませんでした。このため，企業会計基準委員会（ASBJ）は令和 4 年11月に第490回企業会計基準委員会の議事録概要別紙として，「暗号資産の発行者が発行時に自己に割り当てた暗号資産の会計上の取扱いについて」を公表しました。

　これによれば，自己に割り当てた暗号資産については時価評価されないと考えられるとしています。

第4章

有価証券

Point

- 有価証券は保有目的によって「売買目的有価証券」,「満期保有目的の債券」,「子会社株式および関連会社株式」,「その他有価証券」に分類されます。
- 金融商品会計基準では,保有目的ごとに評価方法や評価差額の会計処理を定めています。
- 有価証券の時価が著しく下落した場合には,回復する見込みがあると認められる場合を除き,減損処理を行う必要があります。
- 市場価格のない株式等については,発行会社の財政状態の悪化により実質価額が著しく低下したときは,相当の減額を行う必要があります。

Q4-1 　有価証券の保有目的による区分とその評価方法

Q	有価証券の保有目的による区分とそれぞれの評価はどのように行えばよいですか。
A	売買目的有価証券およびその他有価証券は時価評価，満期保有目的の債券は取得価額または償却原価法に基づく評価，子会社株式および関連会社株式は取得原価により評価します。

解 説

1．保有目的による区分

　金融商品会計基準は，原則として有価証券を時価評価した上で財務諸表に反映させることが必要であるとの立場をとっています。しかし，有価証券の属性や保有目的に鑑みて，実質的に価格変動リスクが認められない場合や，事業遂行上の理由から売買・換金が制約される場合も考えられることから，時価評価を基本としつつも，保有目的に応じて売買目的有価証券，満期保有目的の債券，子会社株式および関連会社株式ならびにその他有価証券の各区分に分類し，区分ごとに会計処理の方法を定めています。

　有価証券の保有目的区分は，取得時に経営者の意図に基づいて決定しますが，取得後においても継続してその分類区分の要件を満たしていることが必要であり，各保有目的区分の定義・要件に反する取引事実が認められたならば，分類の見直しを行うことになります。

　なお，会社の資金運用方針等により，同一銘柄の有価証券を異なる保有目的区分で保有することも認められています。

2．保有目的区分ごとの評価方法と会計処理

　保有目的区分ごとの有価証券の評価方法・会計処理は図表4-1のように要約することができます。

図表4-1　保有目的別評価方法および評価差額の処理

保有目的区分	評価方法	評価差額の処理
売買目的有価証券	時価	当期の損益
満期保有目的の債券	償却原価	発生しない
子会社株式および関連会社株式	取得原価	発生しない
その他有価証券	時価	原則：全部純資産直入法 容認：部分純資産直入法

　各保有目的に関する詳細については，以下で詳述します。

⑴　売買目的有価証券

①　定　義

　売買目的有価証券とは，時価の変動により利益を得ることを目的として保有する有価証券をいい，いわゆるトレーディング目的の有価証券のことをいいます。「時価の変動により利益を得る」とは，主として，取得後の短期間の価格変動により利益を得ることをいい，通常は同一銘柄の有価証券について売買が繰り返されることを想定していますが，相場の状況等によっては単発的な取引であっても売買目的有価証券として取り扱う場合があります。

②　要　件

　保有している有価証券を売買目的有価証券として分類するためには，有価証券の売買を業としていることが定款上明らかであり，かつ，トレーディング業務を日常的に遂行し得る人材から構成された独立の専門部署によって保管・運用されていることが望まれます。しかし，定款上の記載や明確な独立部署がなくても，有価証券の売買を頻繁に繰り返しているような場合には，売買目的有価証券に区分します。

　売買目的有価証券の具体例としては，金融機関の特定取引勘定に属する有価証券や，運用を目的とする金銭の信託財産構成物である有価証券が挙げられます。

　なお，上記の定義・要件による判定は，その取得時に行います。

③ 評価・会計処理

売買目的有価証券は，決算日における時価をもって貸借対照表価額とし，評価差額を当期の損益とします。

売買目的有価証券の時価の変動による評価差額は，実現したものではありませんが，その発生した期間における企業の財務活動の成果を表すものであり，損益の実現の要件をほぼ満たすものであるため，実現損益に準ずる性格のものとして当期純利益に含めます。会計処理は設例4－1のようになります。

設例4－1 売買目的有価証券の評価

(前提条件)
① X1年3月1日：A社株式を10,000で購入
② X1年3月31日（決算日）：期末時価は10,200
③ X1年4月30日：A社株式を12,000で売却

(会計処理)

1．洗替法の場合

＜X1年3月1日 有価証券購入時＞

（借）	売買目的有価証券	10,000	（貸）	現 金 預 金	10,000

＜X1年3月31日 期末時価評価＞

（借）	売買目的有価証券	200	（貸）	有価証券運用損益	200

＜X1年4月1日 期首洗替＞

（借）	有価証券運用損益	200	（貸）	売買目的有価証券	200

＜X1年4月30日 有価証券売却＞

（借）	現 金 預 金	12,000	（貸）	売買目的有価証券	10,000
				有価証券運用損益	2,000

2．切放法の場合
＜X1年3月1日　有価証券購入時＞

| （借） | 売買目的有価証券 | 10,000 | （貸） | 現　金　預　金 | 10,000 |

＜X1年3月31日　期末時価評価＞

| （借） | 売買目的有価証券 | 200 | （貸） | 有価証券運用損益 | 200 |

＜X1年4月30日　有価証券売却＞

| （借） | 現　金　預　金 | 12,000 | （貸） | 売買目的有価証券 | 10,200 |
| | | | | 有価証券運用損益 | 1,800 |

④　売却原価の算定

　先述のとおり，同一銘柄の有価証券を異なる保有目的区分で保有することは認められていますが，売買目的有価証券を含む複数の区分に分類されている銘柄を売却した場合にどの区分の有価証券を売却したのかを明確に判断できないときには損益を操作できることから，売却原価を算定する基準が必要となります。

　この場合，各保有目的の有価証券を分別管理しており，売却した有価証券を特定できる場合には当該区分の有価証券を売却したこととし，特定できない場合には，恣意性を排除する観点から，まず売買目的有価証券から売却したものと推定します。

(2)　満期保有目的の債券
①　定　義

　満期保有目的の債券とは，満期まで所有する意図をもって保有する社債その他の債券をいいます。債券はすべてが満期保有目的として認められるのではなく，満期保有目的の債券に分類するためには，当該債券に価格変動リスクがないことが必要となります。

②　満期保有目的の債券に分類するための要件

　満期保有目的の債券は，保有期間中の価格変動はあるにせよ，償還期限まで保有する場合，元本のキャッシュ・フローは額面金額で固定されているので，結果的には価格変動リスクが認められず，時価評価の対象外とされています。これは，債券を満期まで保有することにより，そのキャッシュ・フローをあらかじめ確定させようとする企業の合理的な投資活動を，有価証券の時価評価の例外的な取扱いとして認めるという趣旨です。

　したがって，満期保有目的の債券に分類するための要件は厳格に定められており，また，安易に満期保有目的の債券に分類することで時価評価から逃がれることを抑止するため，その要件は債券の取得時点で備えていることが必要です。

　その要件は，大きく，債権の属性についての要件と保有段階での要件に分けることができます。

(i)　債権の属性についての要件

　以下の2点を満たす必要があります。

(a)　あらかじめ償還日が定められていること

　満期保有目的の債券に分類するには，あらかじめ償還日が定められていなければなりません。なお，満期が定まっていない永久債は，属性としては要件を満たしませんが，その契約条項からみて償還の実行可能性が高ければ，その償還予定日を満期日に準ずる日とみなすことができるので，要件を満たすものとして取り扱います。また，抽選償還のある債券やコーラブル債は，中途償還が実行される可能性があるものの，その償還が保有者側の意図に基づくものではないことから，この要件を満たす場合があります。他方，プッタブル債のように，保有者側の権利として償還権が付与されている場合には，満期保有目的の要件を満たさないことになります。

(b)　額面金額での償還が予定されていること

　満期保有目的の債券に区分するためには，額面金額による償還が予定されている必要があります。したがって，信用リスクが高い場合には要件を満たしません。債券を取得した時点で，その債券の発行者が元本の償還および利息の支

払について支障をきたすおそれがある場合には，その債券は満期保有目的の債券として区分できません。また，償還時の平均株価等によって償還元本が増減することが約定された株価リンク債や償還時の為替相場によって償還元本が増減する為替リンク債等の仕組債については，リスクが元本に及ぶスキームの商品であるため，要件を満たしません。これは，組込デリバティブ部分を複合金融商品として区分処理したとしても同様です。

　なお，具体的な信用リスクの判定にあたっては，原則として指定格付機関による格付けに基づいて「信用リスクが高くない」水準を決定し，これを適格性の判断基準として設定する必要があります。ただし，格付けを取得していない私募債を引き受ける場合等も想定されますので，上記の方法と同程度の客観的な信頼性を確保できる方法，例えば発行者の財政状態および経営成績等に基づいた合理的な判断基準を設定する方法によることも認められます。

(ii) 保有段階での要件
以下の2点を満たす必要があります。
(a) 満期まで保有する積極的な意図があること
　満期保有目的の債券に分類するには，企業が満期まで所有する積極的な意図をもって保有することが必要です。例えば，保有期間が漠然と長期であると想定してあらかじめ決めていない場合や，市場金利や為替相場の変動等の将来の不確定要因の発生いかんによっては売却が予測されるような場合には，満期まで保有する意図があるとは認められません。
(b) 満期まで保有可能であること
　満期保有目的の債券を時価評価の例外的な取扱いとした上記の趣旨から，「満期まで保有する積極的な意図」という主観的な要件だけでなく，「満期まで保有する能力」という外形的な要件も必要となります。すなわち，満期までの資金計画等に鑑みて継続的な保有が困難と判断される場合には，満期まで保有する能力があるとは認められません。

③ 評価・会計処理
　満期保有目的の債券は，取得価額をもって貸借対照表価額とします。ただし，

債券を債券金額より高い，または低い価額で取得した場合で，取得価額と債券金額との差額の性格が金利の調整と認められるときは，償却原価法に基づいて算定された価額をもって貸借対照表価額とします。

(3)　子会社株式および関連会社株式
①　定　義

　子会社とは，会社が他の会社の意思決定機関を支配している場合の他の会社のことをいい，関連会社とは，会社が出資，人事，資金，技術，取引等の関係を通じて，子会社以外の他の会社等の財務および営業または事業の方針の決定に対して重要な影響を与えることができる場合の他の会社等のことをいいます。

　子会社株式，関連会社株式に該当するか否かの判定にあたっては「連結財務諸表における子会社及び関連会社の範囲の決定に関する適用指針」（企業会計基準適用指針第22号，平成20年5月13日）に留意する必要があります。

②　評価・会計処理
(i)　子会社株式

　子会社株式については，事業投資と同じく時価の変動を財務活動の成果とは考えないという考え方に基づき，取得原価をもって貸借対照表価額とします。

(ii)　関連会社株式

　関連会社株式は，他企業への影響力の行使を目的として保有する株式であることから，子会社株式の場合と同じく，事実上の事業投資と同様に会計処理することが適当であり，取得原価をもって貸借対照表価額とします。

(4)　その他有価証券
①　定　義

　その他有価証券とは，売買目的有価証券，満期保有目的の債券，子会社株式および関連会社株式以外の有価証券のことをいいます。そのなかには長期的な時価の変動により利益を得ることを目的として保有する有価証券や業務提携等の目的で保有する有価証券が含まれ，これらは長期的には売却することが想定

される有価証券です。

②　評価・会計処理

　その他有価証券は，時価をもって貸借対照表価額とし，評価差額は洗替え方式に基づき，原則として全部純資産直入法（評価差額の全額を純資産の部に計上する方法）により処理しますが，継続適用を条件として部分純資産直入法（評価損については当期の損失とし，評価益については純資産の部に計上する方法）によることもできます。なお，その他有価証券の時価評価にあたっては，会計と税務とで評価額が異なるため，税効果会計を適用する必要があります。このため，純資産の部に計上する評価差額は，税効果額を控除した残額となります。

　また，その他有価証券のうち，債券金額と取得価額との差額の性格が金利の調整と認められる債券については，まず償却原価法を適用し，取得原価と償却原価との差額を有価証券利息の修正として処理します。そのうえで，時価のある債券に関しては，償却原価と時価との差額を評価差額として処理します。

設例4－2　　その他有価証券の評価

（前提条件）

①　N社は以下の銘柄の株式を1,000株ずつ保有している。その取得原価および各年度における時価は以下のとおり。

銘柄	X1年度		X2年度	
	取得原価	期末時価	売却時価	期末時価
A社株式	2,000	3,200	4,000	－
B社株式	3,200	4,800	－	2,800
C社株式	8,000	6,000	－	5,200
合計	13,200	14,000	4,000	8,000

　　（注）　A社株式はX2年度の期中において，4,000で売却した。

②　N社は，保有しているすべての株式をその他有価証券の区分に分類している。

③　その他有価証券の帳簿価額と税務上の資産計上額との差額は一時差異に該当し，

税効果会計を適用する。実効税率は30％で，N社は繰延税金資産の回収可能性に問題はないものとする。

　なお，評価差額の処理方法として部分純資産直入法を採用する場合の評価差損に係る税効果の仕訳は，一般に他の一時差異に係る税効果の仕訳と合算して行われるため，本設例では省略している。

（会計処理）

1．全部純資産直入法
＜X1年度期末＞

（借）　その他有価証券	2,800	（貸）　繰延税金負債	840
		その他有価証券 　　　　評　価　差　額　金	1,960

　A社株式およびB社株式については評価差益が発生しているため，評価差額は税効果額を控除したうえで純資産の部に計上します。

　評価差益部分　（3,200−2,000）＋（4,800−3,200）＝2,800

　税効果額部分（繰延税金負債）　2,800×30％＝840

　純資産計上額（その他有価証券評価差額金）　2,800−840＝1,960

（借）　繰延税金資産	600	（貸）　その他有価証券	2,000
その他有価証券 　　　　評　価　差　額　金	1,400		

　C社株式については評価差損が発生しているため，評価差額は税効果額を控除したうえで純資産の部に計上します。

　評価差損部分　6,000−8,000＝△2,000

　税効果額部分（繰延税金資産）　△2,000×30％＝△600

　純資産計上額（その他有価証券評価差額金）

　　△2,000−△600＝△1,400

＜X2年度期首＞

（借）　繰延税金負債	840	（貸）　繰延税金資産	600
その他有価証券 　　　　評　価　差　額　金	560	その他有価証券	800

　A社株式，B社株式およびC社株式の評価差額の計上は洗替処理によるため，X1

年度期末に計上した評価差額および繰延税金資産・負債を振り戻し，帳簿価額を取得原価とします。

<X2年度期中（売却日）>

（借）現 金 預 金	4,000	（貸）その他有価証券	2,000
		有価証券売却損益	2,000

　A社株式を売却。売却時の帳簿価額は取得原価2,000であり，これと売却価額4,000との差額2,000が売却損益となります。

<X2年度期末>

（借）繰 延 税 金 資 産	960	（貸）その他有価証券	3,200
その他有価証券評価差額金	2,240		

　B社株式およびC社株式については評価差損が発生しているため，評価差額は税効果額を控除したうえで純資産の部に計上します。

　評価差損部分　$(2,800-3,200)+(5,200-8,000)=\triangle 3,200$

　税効果額部分（繰延税金資産）　$\triangle 3,200\times 30\%=\triangle 960$

　純資産計上額（その他有価証券評価差額金）

　　$\triangle 3,200-\triangle 960=\triangle 2,240$

2．部分純資産直入法
<X1年度期末>

（借）その他有価証券	2,800	（貸）繰 延 税 金 負 債	840
		その他有価証券評価差額金	1,960

　A社株式およびB社株式に係る評価差額の処理は全部純資産直入法と同じです。

（借）有価証券評価損益	2,000	（貸）その他有価証券	2,000

　C社株式は評価差額がマイナスのため当期の損失として処理します。

＜X2年度期首＞

（借）	繰延税金負債	840	（貸）	その他有価証券	2,800
	その他有価証券 評 価 差 額 金	1,960			

　A社株式およびB社株式の評価差額の計上は洗替処理によるため，X1年度期末に計上した評価差額および繰延税金資産・負債を振り戻し，帳簿価額を取得原価とします。

（借）	その他有価証券	2,000	（貸）	有価証券評価損益	2,000

　C社株式の評価差額も同様に洗替処理によりますが，X1年度期末に計上した評価額を評価益として振り戻し，帳簿価額を取得原価とします。

＜X2年度期中（売却日）＞

（借）	現 金 預 金	4,000	（貸）	その他有価証券	2,000
				有価証券売却損益	2,000

　A社株式を売却。売却時の帳簿価額は取得原価2,000であり，これと売却価額4,000との差額2,000が売却損益となります。

＜X2年度期末＞

（借）	有価証券評価損益	3,200	（貸）	その他有価証券	3,200

　B社株式およびC社株式については評価差損が発生しているため，当期の損失として処理します。

　$(2,800 - 3,200) + (5,200 - 8,000) = \triangle 3,200$

③　売却原価の算定

　その他有価証券の評価差額は洗替方式により期首に戻入処理します。このため，その他有価証券を売却した際の売却原価は取得原価となります。そして，売却額と売却原価（取得原価）との差額は，当期の損益として処理します。

Q4-2　評価差額に係る税効果会計の適用

Q	有価証券の評価差額には，どのように税効果会計を適用すればよいでしょうか。
A	その他有価証券の時価評価差額は税効果会計上の一時差異であるため，当該一時差異について繰延税金資産または繰延税金負債を認識します。

解　説

　その他有価証券の時価評価によって生じる評価差額は，税効果会計上の一時差異であるため，繰延税金資産または繰延税金負債を認識することになります。

　その他有価証券の評価差額に係る一時差異は，原則として，個々の銘柄ごとにスケジューリングし，評価差損に係る将来減算一時差異については回収可能性を判断した上で繰延税金資産を計上し，評価差益に係る将来加算一時差異については繰延税金負債を計上します。ただし，個々の銘柄ごとではなく，以下のように一括して繰延税金資産または繰延税金負債を計上することもできます。

①　一時差異がスケジューリング可能である場合

　評価差損が生じている銘柄と評価差益が生じている銘柄とに区分し，評価差損が生じている銘柄の評価差額合計額に係る将来減算一時差異については回収可能性を判断した上で繰延税金資産を計上し，評価差益が生じている銘柄の評価差額合計額に係る将来加算一時差異については繰延税金負債を計上します。

②　一時差異がスケジューリング不能である場合

　評価差損が生じている銘柄の評価差額合計額と評価差益が生じている銘柄の評価差額合計額を相殺した後の純額の評価差損に係る将来減算一時差異または評価差益に係る将来加算一時差異について，繰延税金資産または繰延税金負債を計上します。

Q4-3 付随費用・取得関連費用の取扱い

Q	有価証券の取得にあたっての付随費用や取得関連費用は，取得原価に含めるべきでしょうか。
A	金融資産の取得時における付随費用は，原則として，取得した金融資産の取得原価に含めます。

解 説

1．付随費用の取扱い

　デリバティブ取引の場合は取扱いが異なりますが，原則として，支払手数料などの金融資産の取得時における付随費用は取得原価に含めます。ただし，経常的に発生する費用で，個々の金融資産との対応関係が明確でない付随費用は，取得原価に含めないことができます。

2．取得関連費用の取扱い

　連結財務諸表においては，企業結合時に外部のアドバイザー等に支払った特定の報酬・手数料等の取得関連費用を取得原価に含めず，取得した事業年度の費用とします。この場合，取得原価に含めていない取得関連費用は注記により開示します。

　一方，個別財務諸表においては，当該取得関連費用を付随費用として有価証券の取得原価に含めます。このため，個別財務諸表上，取得関連費用を子会社株式の取得原価に含めている場合には，連結決算において修正する必要があります。

Q4-4　有価証券の減損処理

Q	有価証券の減損処理は，どのように行えばよいでしょうか。
A	売買目的有価証券以外の有価証券について，時価または実質価額が回復可能性の認められない水準まで下落または低下した場合には，時価または実質価額をもって貸借対照表価額とし，評価差額を当期の損失として処理します。

解　説

１．減損処理とは

　減損処理とは，売買目的有価証券以外の有価証券について，時価・実質価額が回復可能性の認められない水準まで下落した場合に，時価（実質価額）をもって貸借対照表価額とし，評価差額を当期の損失として処理することをいいます。なお，売買目的有価証券については，毎期末に時価評価を行い，評価差額を損益として処理するため，減損処理を適用する対象は売買目的有価証券以外の有価証券ということになります。

　減損処理の判定にあたっては，「著しい下落があったか」と「回復する可能性があると認められるか」の２つの要素を検討する必要があります。

２．時価のある有価証券

　時価のある有価証券について，時価が著しく下落したときは，回復する見込みがあると認められる場合を除き，その時価をもって貸借対照表価額とし，評価差額を当期の損失として処理します。

　その他有価証券の減損処理を行った以後においては，減損処理後の金額と毎期末の時価とを比較して評価差額を算定することになります。

　「著しい下落があったか」の判断に関して，金融商品会計実務指針では，「必ずしも数値化できるものではない」としつつも，時価が取得原価に比べて50％程度以上下落した場合には著しい下落に該当し，時価の下落率が概ね30％未満の場合には一般的には著しい下落には該当しないものとして目安を示してい

す。

　時価の下落の程度に応じた減損処理の検討事項をまとめると，以下のように
なります。

(1)　時価の下落率が50%以上の場合

　著しい時価の下落に該当します。この場合，合理的な反証がない限り，回復
する見込みのないほど著しい下落があったものとみなして，減損処理をするこ
とになります。

(2)　時価の下落率が30%以上50%未満の場合

　個々の企業において，時価が「著しく下落した」と判定するための合理的な
基準を設け，当該基準に該当すれば回復可能性の判定を行います。下落率が
50%未満であることをもって一律に著しい下落に該当しないとする基準は，合
理的な基準として認められないと解するのが一般的です。

　回復可能性があるとは，株価の下落が一時的なものであり，期末日後の概ね
１年以内に時価が取得原価にほぼ近い水準にまで回復する見込みのあることを
合理的な根拠をもって予測できる場合をいいます。この場合の合理的な根拠は，
個別銘柄ごとに，株式の取得時点，期末日，期末日後における市場価格の推移
および市場環境の動向，最高値・最安値と購入価格との乖離状況，発行会社の
業況等の推移等，時価下落の内的・外的要因を総合的に勘案して検討すること
が必要です。

> ### ここ注意！　回復可能性の判断
>
> 　株式の時価が過去２年間にわたり著しく下落した状態にある場合や，株式の発行
> 会社が債務超過の状態である場合，または，２期連続で損失を計上している状況で，
> 翌期もそれが解消しないと予想される場合には，通常は回復する見込みがあるとは
> 認められません。回復可能性があると判断された銘柄以外の有価証券については，
> 減損処理を行うことになります。

設例4−3　減損処理

前提条件

① X社は上場のA社株式を保有しており，その取得原価および各年度における時価は以下のとおりである。

銘柄	X1年度		X2年度	
	取得原価	期末時価	取得原価	期末時価
A社株式	3,000	1,200	−	1,500

　A社株式はX1年度末において時価が著しく下落し，かつ，取得原価まで回復する見込みがあるとは認められないと判断し，減損処理を行うこととした。

② X社は，A社株式をその他有価証券に区分し，評価差額については全部純資産直入法を採用している。

③ その他有価証券の帳簿価額と税務上の資産計上額との差額は一時差異に該当し，税効果会計を適用する。実効税率は30％とし，X社の繰延税金資産の回収可能性に問題はないものとする。

会計処理

1．X1年度末

（借）　有価証券評価損益	1,800	（貸）　その他有価証券	1,800

　A社株式は，X1年度において時価が著しく下落し，かつ，取得原価まで回復する見込みがあるとは認められないため，評価差額を当期の損失として処理します（減損処理）。なお，この評価差額については，発生時に税務上の損金処理が認められるものとします。

　1,200 − 3,000 = △1,800

2．X2年度期首

　A社株式は減損処理を行っているので，評価差額を振り戻しません。

3．X2年度末

（借）　その他有価証券	300	（貸）　繰延税金負債	90
		その他有価証券	210
		評 価 差 額 金	

　A社株式は，X1年度末に減損処理を行い，その後時価が一部回復して評価差益が発生しているため，評価差額は税効果額を控除したうえで純資産の部に計上します。

　評価差益部分　1,500－1,200＝300

　税効果部分（繰延税金負債）　300×30％＝90

　純資産計上額（その他有価証券評価差額金）　300－90＝210

　債券の場合には，一般市場金利の大幅な上昇によって時価が著しく下落した場合で，いずれ時価の下落が解消すると見込まれるときは，回復する可能性があるものと認められます。一方で，格付けが著しく低下している場合や，債券の発行会社が債務超過であったり，連続して損失を計上している状況にある場合など，信用リスクの増大に起因して時価が著しく下落しているときには，通常は回復する見込みがあるとは認められません。

⑶　時価の下落率が概ね30％未満の場合

　一般的には著しい時価の下落に該当せず，回復可能性の検討は不要です。ただし，この場合であっても，発行会社の業績の悪化や信用リスクの増大等によって時価が下落していることもあるので，30％未満の下落率を著しい時価の下落の判断基準とすることも認められます。

3．市場価格のない株式等

　市場価格のない株式等は取得原価をもって貸借対照表価額としますが，発行会社の財政状態の悪化により実質価額が著しく低下したときは，相当の減額を行って，評価差額を当期の損失として減損処理しなければなりません。

　実質価額が「著しく低下したとき」とは，少なくとも株式の実質価額が取得原価と比較して50％程度以上低下した場合をいいます。

┌───┐
ここ注意！　**実質価額の回復可能性判定**

　実質価額とは，一般に公正妥当と認められる会計基準に準拠して作成した発行会
社の財務諸表をもとに，原則として資産等の時価評価に基づく評価差額等を考慮し
て算定した1株当たりの純資産額に所有株数を乗じた金額のことです。

　財政状態の悪化とは，この1株当たりの純資産額が，当該株式を取得した時の1
株当たり純資産額と比較して相当程度下回っている場合をいいます。

　なお，時価のある有価証券の場合とは異なり，原則として，実質価額の回復可能
性を判定することはありません。実質価額の回復可能性を判定するためには，発行
会社の財務諸表を実質ベースで作成し，中長期の事業計画等を入手して財政状態の
改善の見通しを判断するなどの対応が必要ですが，外部の会社についてこのような
手続を要求するのは通常は困難であるからです。
└───┘

4．市場価格のない種類株式

　普通株式を前提とすれば，市場価格のない株式については，1株当たり純資
産額に，所有株数を乗じた金額が実質価額となります。一方，優先株式その他
の種類株式については，1株の価値が普通株式と異なることから，以下のよう
な方法により実質価額を算定します。

(1)　評価モデルを利用する方法

　DCF法やオプション価格モデルなどの評価モデルを利用する方法がありま
す。

(2)　1株当たりの純資産額を基礎とする方法

　純資産額を，種類株式の普通株式相当数と普通株式数の合計で除した1株当
たりの純資産額に，所有する当該種類株式の普通株式相当数を乗じて実質価額
を算定する方法です。

(3)　優先的な残余財産分配請求権額を基礎とする方法

　普通株式よりも利益配当請求権および残余財産分配請求権が優先的であるよ
うな場合には，優先的な残余財産分配請求権額を基礎とする方法によって実質価
額を算定する方法です。

Q4-5 投資損失引当金の計上

Q	投資損失引当金の計上はどのように行うのですか。
A	実質価額が著しく低下している状況には至っていないものの，実質価額がある程度低下したときには，健全性の観点から実質価額の低下相当額を引当金として計上します。

解 説

　市場価格のない子会社株式等も減損処理の対象となりますが，実質価額が著しく低下している状況には至っていなくとも，ある程度低下したときには，以下の場合に限り，実質価額の低下相当額を投資損失引当金として計上することができます。

① 実質価額が著しく低下している状況には至っていないものの，実質価額がある程度低下したときに健全性の観点から引当金を計上する場合
② 実質価額が著しく低下したが，回復可能性があると判断して減損処理を実施しておらず，その回復可能性については将来の予測に基づくものであり，健全性の観点からリスクに備えて引当金を計上する場合

　この取扱いは，情報の入手可能性の観点から，子会社株式を前提としていますが，子会社株式等と同程度に株式の実質価額の回復可能性を判定できる情報を入手できる場合には，子会社株式以外についても準用することができます。

Q4-6 子会社株式および関連会社株式以外の関係会社株式の期末評価

Q	子会社株式および関連会社株式以外の関係会社株式の期末評価はどのように行うのですか。
A	売買目的有価証券またはその他有価証券のいずれかに分類した上で，それぞれの保有目的区分に係る方法に基づいて処理します。

解 説

　関係会社とは，①子会社，②関連会社，③財務諸表提出会社の親会社，④財務諸表提出会社が他の会社等の関連会社である場合における当該他の会社等をいいます。このうち，①子会社株式と②関連会社株式については，Q4−1のとおり，取得原価をもって貸借対照表価額としますが，③親会社株式と④その他の関係会社株式については，売買目的有価証券またはその他有価証券のいずれかに分類した上で，それぞれの保有目的区分に係る方法に基づいて処理します。すなわち，いずれも時価をもって貸借対照表価額としますが，評価差額については，保有目的が売買目的であれば当期の損益として，その他有価証券であれば部分純資産直入法または全部純資産直入法により処理します。

　なお，③については，連結の観点からすると親会社にとっての自己株式であることから，連結財務諸表上は，取得原価によって評価し，純資産の株主資本の控除項目となります。

Q4-7 将来売却を予定しているその他有価証券

Q	保有するその他有価証券について，将来売却を予定しているものは，売買目的有価証券として流動資産の有価証券に計上すべきですか。
A	原則として，取得後における売買目的有価証券への振替は認められません。

解 説

　その他有価証券への分類はその取得当初の意図に基づいて行われるため，原則として取得後に売買目的有価証券へ振り替えることは認められません。このため，保有するその他有価証券のうち，将来売却を予定しているものについても，売買目的有価証券として流動資産に振り替える必要はありません。

　ただし，資金運用方針の変更または法令もしくは基準等の改正もしくは適用により有価証券のトレーディング取引を開始する場合や，有価証券の頻繁な売買が客観的に認定される場合には，売買目的有価証券へ振り替える必要があります。

Q4-8　減損処理したその他有価証券の税効果

Q	保有しているその他有価証券を有税で減損処理した場合には，税効果会計上の一時差異が発生しますが，これについては解消見込みを個別銘柄ごとにスケジューリングする必要があるのでしょうか。
A	原則どおり，個別銘柄ごとにスケジューリングを行います。

解 説

　減損処理後，時価が取得原価に回復するまでは，時価の上昇に伴い発生する評価差益は将来加算一時差異ではなく減損処理により生じた将来減算一時差異の戻入れであるため，原則どおり，個々の銘柄ごとにスケジューリングを行い，スケジューリングの結果に基づいて回収可能性を判断した上で，繰延税金資産を計上します。

Q4-9 減損処理における切放し法と洗替え法

Q	有価証券の減損処理に関し、四半期末においては切放し法と洗替え法が認められていますが、年度末においても選択適用できますか。
A	年度末においては切放し法のみが認められています。

解 説

　四半期会計期間末に計上した有価証券の減損処理に基づく評価損の戻入れに関しては、四半期切放し法と四半期洗替え法の2つがあります。四半期切放し法とは、減損処理を行った後の四半期会計期間末の帳簿価額を時価等に付け替えて、当該銘柄の取得原価を修正する方法であり、四半期洗替え法とは、四半期会計期間末における減損処理に基づく評価損の額を翌四半期会計期間の期首に戻し入れ、当該戻入れ後の帳簿価額と四半期会計期間末の時価等を比較して減損処理の要否を検討する方法です。

　有価証券の減損処理は、四半期会計期間末においては、継続適用を条件として、四半期切放し法と四半期洗替え法のいずれかの方法を選択適用することができますが、年度末においては切放し法のみが認められています。

Q4-10　市場価格のない株式の評価方法

Q	市場価格のない株式はどのように評価しますか。
A	取得価額を貸借対照表価額とします。

解 説

　市場において取引されていない株式を「市場価格のない株式」といいます。また，出資金など株式と同様に持分の請求権を生じさせるものを合わせて「市場価格のない株式等」といいます。市場価格のない株式等は，取得原価をもって貸借対照表価額とします。

　時価算定会計基準等の公表に伴い，金融商品会計基準等における「時価を把握することが極めて困難と認められる有価証券」の定めは削除されました。時価算定会計基準において，時価のレベルに関する概念が採用されたことで，たとえ観察可能なインプットを入手できない場合であっても，入手できる最良の情報に基づく観察できないインプットを用いて時価を算定することになりました。このような時価の考え方の下では，時価を把握することが極めて困難と認められる有価証券は想定されないことが，定めが削除された理由です。

　ただし，市場価格のない株式等に関しては，たとえ何らかの方法により価額が算定可能であったとしても，それを時価としないという従来の考え方を踏襲し，引き続き取得原価を貸借対照表価額とします。

Q4-11 有価証券の保有目的区分の変更

Q	有価証券の保有目的区分は変更できますか。
A	資金運用方針の変更または特定の状況の発生に伴って行う場合などに，保有目的区分の変更が認められます。

解 説

1．変更理由

　有価証券の保有目的区分は，正当な理由なく変更することはできません。保有目的区分の変更が認められるのは，以下の場合に限られます。

(1)　資金運用方針の変更または特定の状況の発生に伴って，保有目的区分を変更する場合

(2)　金融商品会計実務指針により，保有目的区分の変更があったとみなされる場合

(3)　株式の追加取得または売却により持分比率等が変動したことに伴い，子会社株式または関連会社株式区分から他の保有目的区分に，またはその逆の保有目的区分に変更する場合

(4)　法令または基準等の改正または適用により，保有目的区分を変更する場合

2．売買目的有価証券またはその他有価証券から満期保有目的の債券への振替

　満期保有目的の債券への分類はその取得当初の意図に基づくものですので，取得後の満期保有目的の債券への振替は認められません。

3．満期保有目的の債券から売買目的有価証券またはその他有価証券への振替

　満期保有目的の債券に分類された債券について，その一部を売買目的有価証券またはその他有価証券に振り替えた場合や，償還期限前に売却を行った場合

は，満期保有目的の債券に分類された残りのすべての債券について，保有目的区分の変更があったものとして売買目的有価証券またはその他有価証券に振り替える必要があります。その際には，変更時の償却原価をもって振り替えます。

　ただし，以下の場合には，一部の満期保有目的の債券を他の保有目的区分に振り替えたとしても，また，償還期限前に売却したとしても，残りの債券を他の保有目的区分に変更する必要はありません。

(1)　債券の発行者の信用状態の著しい悪化

(2)　税法上の優遇措置の廃止

(3)　法令の改正または規制の廃止

(4)　監督官庁の規制・指導

(5)　自己資本比率等を算定する上で使用するリスクウェイトの変更

(6)　その他，予期できなかった売却または保有目的の変更をせざるを得ない，保有者に起因しない事象の発生

ここ注意！　満期保有目的債券の区分変更

　満期保有目的の債券について保有目的区分の変更を行った事業年度を含む2事業年度においては，取得した債券を満期保有目的の債券に分類することはできないものとされているので注意が必要です。

4．売買目的有価証券からその他有価証券への振替

　資金運用方針の変更または法令もしくは基準等の改正もしくは適用に伴い有価証券のトレーディング取引を行わないこととした場合には，すべての売買目的有価証券をその他有価証券に振り替えることができます。この場合，その時点の時価をもって振り替え，振替差額は損益に計上します。

5．その他有価証券から売買目的有価証券への振替

　資金運用方針の変更または法令もしくは基準等の改正によりトレーディング取引を開始した場合や，有価証券の売買を頻繁に繰り返したことが客観的に認められる場合には，売買目的有価証券に振り替える必要があります。この場合，その時点の時価をもって振り替え，振替差額は，その他有価証券の評価差額に

ついて採用していた会計処理方法にかかわらず，損益に計上します。

6．売買目的有価証券から子会社株式または関連会社株式への振替

　株式の追加取得により持分比率が増加し，子会社株式または関連会社株式に該当することになった場合には，その時点の時価で振り替えます。この場合，振替差額は，振替時の損益に計上します。

7．その他有価証券から子会社株式または関連会社株式への振替

　株式の追加取得により持分比率が増加し，その他有価証券が子会社株式または関連会社株式に該当することになった場合には，帳簿価額で振り替えます。ただし，その他有価証券の評価差額の会計処理として部分純資産直入法を採用しており，当該有価証券について評価差損を計上している場合には，時価による評価後の価額で振り替えます。

8．子会社株式または関連会社株式から売買目的有価証券またはその他有価証券への振替

　子会社株式または関連会社株式の売却により持分比率が減少し，子会社株式または関連会社株式に該当しなくなった場合には，帳簿価額をもって変更後の区分に振り替えます。

> ### 設例 4-4　売買目的有価証券→その他有価証券への振替
>
> **（前提条件）**
> - 前期末の時価：1,500
> - 振替時の時価：1,200
> - 当期末の時価（貸借対照表価額）：900
> - 全部純資産直入法を適用する。
> - 実効税率：30％

会計処理

1. 振替処理

(借)	その他有価証券	1,200	(貸)	売買目的有価証券	1,500
	有価証券評価損益	300			

　振替時の時価で振り替えるため，当該金額1,200と前期末の貸借対照表価額1,500との差額300を有価証券評価損益に計上します。

2. 期末評価

(借)	繰延税金資産	90	(貸)	その他有価証券	300
	その他有価証券評価差額金	210			

　振替時の時価1,200と当期末の時価900との差額300のうち税効果額90を控除した金額210をその他有価証券評価差額金に計上します。

設例4-5　その他有価証券→売買目的有価証券への振替

前提条件

- 取得原価：300
- 前期末の時価（貸借対照表価額）：270
- 振替時の時価：210
- 当期末の時価（貸借対照表価額）：195
- 全部純資産直入法を適用する。
- 実効税率：30%

会計処理

1. 期首洗替処理

(借)	その他有価証券	30	(貸)	繰延税金資産	9
				その他有価証券評価差額金	21

　前期末に計上した評価差額を振り戻します。

2．振替処理

（借）	売買目的有価証券	210	（貸）	その他有価証券	300
	有価証券評価損益	90			

　振替時の時価で振り替えるため，当該金額210と取得原価300との差額90を有価証券評価損益に計上します。

3．期末評価

（借）	有価証券評価損益	15	（貸）	売買目的有価証券	15

　振替時の時価210と当期末の時価195との差額15を有価証券評価損益に計上します。

設例4−6　売買目的有価証券→子会社・関連会社株式への振替

（前提条件）

• 前期末の時価（貸借対照表価額）：300
• 振替時の時価：360

（会計処理）

1．振替処理

（借）	関 係 会 社 株 式	360	（貸）	売買目的有価証券	300
				有価証券運用損益	60

　振替時の時価で振り替えるため，当該金額360と前期末の時価300との差額60を有価証券運用損益に計上します。

2．期末評価

仕訳なし

　子会社・関連会社株式については，時価評価は行いません。

設例4−7　その他有価証券→子会社・関連会社株式への振替

（前提条件）

• 取得原価：300
• 前期末の時価（貸借対照表価額）：270

- 振替時の時価：210
- 全部純資産直入法を適用する。
- 実効税率：30%

（会計処理）

1．期首洗替処理

（借）　その他有価証券	30	（貸）　繰 延 税 金 資 産	9
		その他有価証券	21
		評 価 差 額 金	

　前期末に計上した評価差額を振り戻します。

2．振替処理

（借）　関 係 会 社 株 式	300	（貸）　その他有価証券	300

　帳簿価額で振り替えます。

3．期末評価

仕訳なし

　子会社・関連会社株式については，時価評価は行いません。

第5章

金銭の信託

Point

- 金銭の信託は，資産運用に関する経営資源の集中，簿価分離，投資成果の管理，投資の匿名性といったメリットがあるため利用されています。
- 金銭の信託は，信託契約単位ごとに保有目的により運用目的，満期保有目的，その他に分類されますが，一般に運用を目的とするものと考えられるため，信託財産の構成物である有価証券は，原則として売買目的有価証券と推定して評価・会計処理されます。

Q5-1 　金銭の信託とは

Q	金銭の信託とは何ですか。
A	金銭の信託とは，受託者が信託引受けの際に，金銭を信託財産として受け入れる信託のことをいいます。

解 説

　信託とは，委託者が自己の財産権を受託者に移転させ，受託者が委託者の指示する受益者のために一定の目的に従ってその信託財産を管理または処分することを内容とする法律行為です。このうち，金銭の信託とは，信託銀行等の受託者が信託引受けの際に，金銭を信託財産として受け入れることをいいます。

　金銭の信託は大きく2つに分けられ，信託終了や一部解約のときに，信託財産を金銭に換金して受益者に交付するものを金銭信託といい，信託財産を現状有姿の状態で交付するものを金銭信託以外の金銭の信託といいます。

　金銭の信託は，この他にも図表5-1のようにさまざまな切り口から分類することができますが，実務上，多く利用されているのは，委託者ごとの信託財産を区別して運用する単独信託特定金銭信託（特金）と指定金外信託（ファンドトラスト）であるため，以下では，これらに限定して解説します。

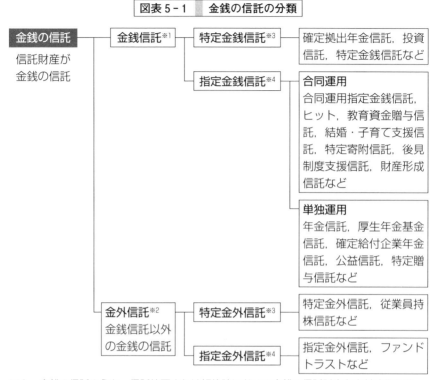

図表 5 - 1　　金銭の信託の分類

※1　金銭の信託のうち，信託終了または解約時において金銭で信託財産を交付するもの
※2　金銭の信託のうち，金銭信託以外のもの
※3　「特定」とは，委託者が取引日，運用対象，銘柄等を具体的に指図する運用方法
※4　「指定」とは，委託者が運用対象の種類または組入れ範囲等を指図する運用方法

Q5-2 金銭の信託を利用するメリット

Q	金銭の信託を利用するメリットは何ですか。
A	有価証券等の受渡し，資金決済，管理，決算事務などは信託銀行等が行うため，自社での事務処理を大幅に削減できることなどがあります。

解 説

　企業が自ら金融商品等を保有する場合に比べ，金銭の信託による運用には，以下のメリットがあります。

(1)　有価証券等の受渡し・資金決済・管理・決算事務などは信託銀行等が行うため，自社での事務処理が大幅に削減できます。

(2)　金銭の信託で運用する有価証券等は，自らが直接に保有する有価証券等と別個の評価方法を選択することができ，かつ，簿価を切り離して評価することができます（簿価分離）。

(3)　簿価分離により，信託に係る損益が把握しやすくなります。

(4)　金融商品等の名義人は信託銀行となり，投資の事実が対外的に公表されることを回避できます（投資の匿名性）。

Q5-3　金銭の信託の保有目的別の会計処理

Q	金銭の信託の会計処理はどのように行うのでしょうか。
A	金銭の信託は，保有目的により運用目的，満期保有目的，その他に分類され，各保有目的に基づいて会計処理を行います。

解　説

　金銭の信託は，信託契約単位ごとに保有目的に応じて運用目的，満期保有目的，その他の3種類に分類しますが，一般に運用を目的とするものであることから，通常は運用目的となります。このため，信託財産の構成物である有価証券は，原則として売買目的有価証券と推定して会計処理します。

ここ注意！　運用目的以外に区分する方法

　運用目的以外に区分することは例外的であり，そのためには，客観的に判断できることが必要です。まず，満期保有目的に区分し，信託財産構成物である債券を満期保有目的の債券として会計処理するためには，原則として受託者に財産の売却を禁止しており，かつ，信託期日と債券の償還期限とが一致していることなどが契約書に明記されていることが必要です。この場合，償却原価法が適用され，評価差額は発生しません。一方，その他の目的に区分し，信託財産構成物である有価証券をその他有価証券として区分するためには，信託契約時において，企業が当該信託を通じて有価証券等を保有する目的が，運用目的または満期保有目的のいずれにも該当しないという積極的な証拠によって裏付けられていなければならず，かつ，信託財産構成物である有価証券の売買を頻繁に繰り返していないという事実が必要です。この場合には，時価をもって貸借対照表価額とし，評価差額は全部純資産直入法，または部分純資産直入法により処理します。

Q5-4 金銭の信託を「その他有価証券」に区分する要件

Q	金銭の信託を「その他有価証券」に区分するための「積極的な証拠」として、具体的にどのようなものが要求されますか。
A	運用目的または満期保有目的のいずれにも該当しないという強い証拠が信託契約時に存在することが要求されます。

解説

　Q5-3のとおり，金銭の信託は一般に運用目的と推定するため，その他の目的に区分する場合には，現物有価証券をその他有価証券に区分する場合よりも強い，積極的な証拠が必要であり，さらに，当該証拠は信託契約時に存在していることが必要です。その証拠の一例としては，金銭の信託が，信託財産の短期的な売買等で信託財産の価値を上昇させ，受益者に帰属させるような運用目的に該当せず，かつ，その目的が客観的で明確であることを示す企業の意思決定文書が存在すること，信託契約書において，その目的が明記してあること等が挙げられます。

ここ注意！ ▶ **その他有価証券に区分するための具体的要件**

意思決定文書には以下の内容が含まれていることが必要だと考えられます。
① その他有価証券を自己で直接保有せずに金銭の信託で保有する理由
② 金銭の信託の目的
③ 有価証券の売却が，委託者が事前に指示した方針に基づくこと
④ 運用報告書を定期的に入手してモニタリングすること

金銭の信託で保有する有価証券と自己で保有する有価証券がある場合

Q	金銭の信託で保有する有価証券と自己で直接保有する有価証券の会計処理方法が相違していても，問題ないのでしょうか。
A	原則として，金銭の信託で保有する有価証券の会計処理方法は，自己で直接保有する有価証券の会計処理方法と合わせることが必要です。

解 説

　有価証券の会計処理には，複数の方法が認められている場面があります。例えば，有価証券の認識基準として約定日基準とするか修正受渡日基準とするか，償却原価法の適用にあたって利息法によるか定額法によるかなどです。このように，複数の会計処理方法が認められている場面であっても，原則として，金銭の信託で保有する有価証券の会計処理方法は，自己で直接保有する有価証券の会計処理方法と整合させることが必要です。しかしながら，金銭の信託で保有する有価証券の会計処理は，受託者のシステム上の制限から，必ずしも委託者の期待する方法を採用できないことがあります。このような場合には，継続適用を条件として，信託契約ごとに会計処理方法が異なっていたとしても容認されます。

第6章

デリバティブ取引

Point

- デリバティブは原則として時価評価し，評価差額は当期の損益に計上します。
- 一定の要件を満たす場合には，評価差額を当期の損益ではなく純資産に計上する等の特殊な会計処理（ヘッジ会計）も認められています。
- デリバティブ取引を行う主な目的としては，リスクヘッジ，投機，裁定取引などが挙げられます。
- デリバティブ取引は，少額の投資で多額の利益が得られる可能性がある反面，逆に多額の損失が発生する可能性もあるため，そのリスクを適切に管理しながら運用することが重要です。

Q6-1 デリバティブ取引の概要

Q デリバティブとは何ですか。また，その特徴や会計処理の概要を教えてください。

A デリバティブとは，ある原資産の参照レート（TORF, TIBOR等），インデックス（日経平均株価，TOPIX等）の価値から派生した取引や証券のことをいい，さまざまな形態のものがあります。デリバティブの特徴として，初期投資がゼロか少額であることや，時価が常に変動していくこと，主に差金決済（純額決済）が行われること等が挙げられます。このような特徴を利用して，主にリスクヘッジや投機，裁定取引を目的に行われます。

解 説

1．定 義

　デリバティブは，一般的に金融派生商品と訳されます。「派生」という言葉はあまり日常生活で使用されませんが，例えば乳牛から絞った乳は，牛乳としてそのまま出荷されるだけでなく，チーズになったりバターになったりと，姿かたちを変えてさまざまな商品として世に売り出されます。

　金融商品でも同じことがいえます。例えば株式は，A社の株式1,000株を1株100円で購入するというような現物取引だけでなく，1年後にA社の株式1,000株を1株100円で購入することを約束する取引（先物取引）や，1年後にA社の株式1,000株を1株100円で購入する権利（あくまで権利のため，実際に購入するかどうかの選択が可能）を売買する取引（オプション取引）のように，姿かたちを変えてさまざまな形態で取引されています。このように，「元となる金融取引」が，さまざまなニーズに応えるために姿かたちを変えて派生した取引を，デリバティブといい，「元となる金融取引」は多岐にわたります（図表6-1参照）。

図表 6 - 1　　元となる金融取引とデリバティブの例

元となる金融取引	デリバティブの例	デリバティブ取引の種類
株式の購入	1 年後にA社の株式1,000株を 1 株100円で購入する権利を購入する。	株式購入オプション（オプション取引）
通貨の交換	3 か月後に予定しているドル建ての商品の仕入について，支払代金の為替レートを 1 ドル100円に固定する。	為替予約（先物取引）
資金の借入れ	変動金利の借入れの利息について，金利が上昇するリスクを避けるために，別途，借入れの元本相当額に係る変動金利を受け取って固定金利を支払う取引を行う。	金利スワップ（スワップ取引）
資金の貸付け	貸付先が倒産し，貸付金の回収ができなくなるリスクを回避するために，一定のプレミアムを支払う代わりに貸付先の信用が悪化し破綻等のクレジットイベントが起きたときに現金を受け取る取引を行う。	クレジット・デフォルト・スワップ（スワップ取引）

　なお，金融商品会計実務指針第 6 項によれば，デリバティブとは以下のような特徴をもつ金融商品であるとされています。

- その権利義務の価値が，特定の金利，有価証券価格，現物商品価格，外国為替価格，各種の価格・率の指数，信用格付け，信用指数または類似する変数（これらは基礎数値と呼ばれる）の変化に反応して変化する①基礎数値を有し，かつ，②想定元本か固定もしくは決定可能な決済金額のいずれか，または想定元本と決済金額の両方を有する契約。
- 当初純投資が不要であるか，または市況の変動に類似の反応を示すその他の契約と比べて当初純投資をほとんど必要としない。
- その契約条項により純額（差金）決済を要求もしくは容認し，契約外の手段で純額決済が容易にでき，または資産の引渡しを定めていてもその受取人を純額決済と実質的に異ならない状態に置く。

2．種　類

　デリバティブの代表的な例としては，先渡取引・先物取引，オプション取引，スワップ取引があります。それぞれの具体的内容は以下のとおりです。

⑴　先渡取引・先物取引

　先渡取引および先物取引は，将来の一定の時期に予定している特定の取引について，その金額等の契約内容を契約時に決定する取引です。例えば，１年後にA社の株式1,000株を１株100円で購入することを約束するような取引が該当します。先渡取引と先物取引の違いは，相対で取引するか取引所で取引するか，ということです。

　先渡取引の場合，原則として相対で取引を行い，実際にお金を支払って購入します。相対で取引を行うため，取引を行う者同士で取引条件等を柔軟に決定できる反面，ニーズがマッチしないと取引は成立しにくくなります。為替予約は先渡取引の代表的な取引です。

　一方，先物取引の場合，取引所で取引を行い，現物の授受を行わずに反対売買により差金決済（純額決済）します。取引所で行うため取引条件等が規格化されており，不特定多数の参加者が相手方となることから取引が成立しやすい反面，ニーズに100％マッチする取引が存在しない場合もあります。

⑵　オプション取引

　オプション取引は，将来の一定の時期に，契約時に定めた契約内容に基づいて取引を実行する権利の売買をいいます。例えば，１年後にA社の株式1,000株を１株100円で購入する権利を購入するような取引が該当します。

　オプション取引の買手は，あくまで権利を購入したのであり，実際に取引を実行する義務はありません。上記の例において，実際に１年後の株価が１株120円になった場合には，１株100円で購入する権利を行使して市場で売却すれば利益が出ます。しかしながら，１年後の株価が１株80円になった場合には，１株100円で購入する権利を行使すると損失が出ますので，権利を行使しないほうがよいのです。

　なお，オプション取引の買手は，売手に対してオプション料を契約時に支払

う必要があります。このため，買手にとっての最大の損失（すなわち売手にとっての最大の利益）はオプション料の金額となります。一方で，買手にとっての最大の利益（すなわち売手にとっての最大の損失）は無限ということになります（図表6-2参照）。

図表6-2	A社の株式1,000株を1株100円で購入する権利（オプション料1,000円）	
1年後の株価	買　手	売　手
1株120円	権利行使する 1,000株×（時価120円－権利行使価格100円）－オプション料1,000円＝19,000円（利益）	権利行使される オプション料1,000円－1,000株×（時価120円－権利行使価格100円）＝△19,000円（損失）
1株 80円	権利行使しない オプション料△1,000円（損失）	権利行使されない オプション料＋1,000円（利益）

　オプション取引において，購入する権利を「コール・オプション」といい，売却する権利を「プット・オプション」といいます。

(3)　スワップ取引

　スワップ取引は，一定の条件のもとに，取引相手との間で金利や為替等を交換する取引をいいます。例えば，A社はC銀行から100万円を変動金利で借りており，B社はD銀行から100万円を固定金利で借りているとします。ここで，A社はB社の代わりにD銀行に対して固定金利を支払い，B社はA社の代わりにC銀行に変動金利を支払うような金利スワップ取引を行うと，実質的にA社は100万円を固定金利で借り，B社は100万円を変動金利で借りたことと同じになります。

　スワップ取引の代表的な例として，金利スワップと通貨スワップが挙げられます。スワップ取引は相対取引で行われることが多いことも，特徴の1つです。

3.　特　徴

　デリバティブの特徴としては，(1)レバレッジ効果があること，(2)時価が変動すること，(3)差金決済であることが挙げられます。

(1) レバレッジ効果

　レバレッジとは「てこ（Lever）」のことです。デリバティブにおけるレバレッジ効果とは，小さな力で大きなものを持ち上げる「てこ」のように，ゼロまたは少額の初期投資で，多額の取引が実行可能であることをいいます。例えば，図表6-2のオプション取引では，1,000円のオプション料を支払って，100,000円（1,000株×1株100円）の取引を実行しています。レバレッジ効果はデリバティブ取引のメリットである反面，多額の損失を被るリスクもあるということには留意が必要です。

(2) 時価の変動

　デリバティブの価値は，「元となる金融取引」の価値の変化や「決済までの期間」に応じて，日々変化していきます。具体的には，特定の金利，有価証券価格，現物商品価格，外国為替価格，各種の価格・率の指数，信用格付け，信用指数または類似する変数といった「基礎数値」の変化に反応して，変化していくことになります。

(3) 差金決済

　デリバティブ取引の多くは差金決済（純額決済）が行われ，現物の授受はありません。デリバティブ取引の契約者は，権利行使価格に相当する資金を用意する必要がなく，権利行使価格と決済時における商品等の時価との差額を決済します（図表6-3参照）。

図表6-3　1年後にA社の株式1,000株を1株100円で購入する先物取引

1年後の株価	差金決済（純額決済）	＜参考＞現物決済の場合
1株120円	1,000株×（時価120円－権利行使価格100円）＝20,000円 買手にとっては20,000円の利益，売手にとっては20,000円の損失のため，差金決済では売手が買手に対して20,000円を支払う。	買手は100,000円（＝1,000株×権利行使価格100円）を売手に支払い，売手はA社の株式1,000株を買手に引き渡す。

4．目　的

　デリバティブ取引が行われる主な目的としては，(1)リスクヘッジ，(2)投機，(3)裁定取引などが挙げられます。

(1)　リスクヘッジ（リスク回避）

　自己の保有する資産または負債について，将来の価格，金利，為替相場，キャッシュ・フローなどの変動によるリスクをヘッジ（回避）するために，デリバティブ取引が行われます。

(2)　投機（スペキュレーション）

　初期投資がほとんど必要ないという特徴を利用して，少額の投資で多額の利益を得ることを目的として，デリバティブ取引が行われます。

(3)　裁定取引（アービトラージ）

　現物と先物等の市場間において，時間差，地域差などの違いにより価格や相場などに乖離が生じている場合等において，その乖離に着目して利益を得ることを目的として，デリバティブ取引が行われます。

5．会計処理の概要

　デリバティブ取引は，原則として時価により評価し，評価差額を当期の損益に計上します（金融商品会計基準25）。

　デリバティブ取引は，取引によって生じる正味の債権・債務の時価の変動により保有者が利益を得，または損失を被るものであり，その価値は，当該正味の債権・債務の時価であると考えられます。したがって，デリバティブ取引によって生じる正味の債権・債務については，時価をもって貸借対照表価額とします。

　また，デリバティブ取引によって生じる正味の債権・債務の時価の変動は，企業活動の成果であると考えられるため，評価差額は原則として当期の損益として計上します。

　なお，デリバティブ取引のうち一定の要件を満たすものについては，例外的な会計処理（ヘッジ会計）が認められています（「第 7 章　ヘッジ会計」参照）。

Q6-2 デリバティブ取引のリスク管理

Q	デリバティブ取引を行う上でのリスク管理上の留意点を教えてください。
A	デリバティブ取引は，少額の投資で多額の利益が得られる可能性がある反面，逆に多額の損失が発生する可能性もあるため，そのリスクを適切に管理しながら運用することが重要です。 また，デリバティブ取引に係る業務プロセスに重要性がある場合，財務報告への影響を勘案して内部統制報告制度上の評価対象とすることが考えられます。

解説

1．取引の理解

　デリバティブ取引のリスクの内容は，「元となる金融取引」そのものの性質や契約条件等によって多岐にわたります。このため，実行しようとしている個々のデリバティブ取引について，その性質を理解し，当該デリバティブ取引に含まれるリスクを理解することが重要です。将来における金利，為替，株価等の変動に係るシナリオが，デリバティブの価値にどの程度の影響を及ぼすかといった感応度分析を行うことも有効です。

　また，リスクヘッジを目的としてデリバティブ取引を行う場合には，当該デリバティブ取引によってリスクがどの程度ヘッジされるのか，という検討も必要になります。例えば，1,000万円を3年間，変動金利（TIBOR＋0.5％）で借りており，金利が上昇するリスクを回避するために変動金利と固定金利を交換（変動受・固定払）するスワップ取引を締結するとします。この場合，金利の上昇するリスクを完全にヘッジするためには，借入金に合わせて，スワップ取引の元本（想定元本といいます）を1,000万円，期間を3年間とし，受け取る変動金利はTIBORを基準とする必要があります。仮にTIBORではなく短期プライムレート（短プラ）を基準とする場合には，リスクを完全にはヘッジできません。このため，企業はリスクヘッジの対象とする資産または負債（ヘッジ対象）が，リスクヘッジの手段となるデリバティブ取引（ヘッジ手段）によっ

て本当にリスクをヘッジできるのか，ということを検討した上で，デリバティブ取引を実行することが重要です。

2．デリバティブ取引の承認プロセス

　デリバティブ取引を実行するにあたり，どのような手続を経て承認するのかについて事前に定めるとともに，管理責任の所在を明確にする必要があります。特に，デリバティブ取引を頻繁に行う企業においては，実行する部門（フロント・オフィス）と，これとは別途独立した，リスク管理を行う部門（バック・オフィス）の設置が必要です。フロント・オフィスは，経営陣に対して社内の規程に従って事前に取引の目的，取引枠，相手先，損失限度等の市場リスクに関する申請を行い，バック・オフィスは，経営陣に対して取引の実行状況や，リスクヘッジの有効性を確認し，報告することが求められます（金融商品会計実務指針318）。

ここ注意！

　ヘッジ会計を適用するためには，当該取引が企業のリスク管理方針に従っていることを文書や内部管理体制等によって客観的に確認できなければなりません。リスク管理方針は，取締役会などの意思決定機関において適切な承認を得たものでなければならず，企業環境の変化等に応じて見直しをする必要があります。そこには，少なくとも，管理の対象とするリスクの種類と内容，ヘッジ方針，ヘッジ手段の有効性の検証方法等のリスク管理の基本的な枠組みが含まれている必要があります。ヘッジ会計の要件の詳細については，Q7-1にて解説しています。

3．損益管理

　デリバティブの価値は日々変動するため，その実行状況と価値の変動状況についてモニタリングして損益管理するとともに，リスクヘッジ目的の取引についてはその目的どおりにヘッジできているかを把握する必要があります。具体的手続としては，口座開設，基本契約の締結，成約確認，資金決済および受渡し，残高確認，ポジションの状況等に関する管理資料を作成し，さらにヘッジ関係が有効に機能しているかどうかを評価する仕組みを構築することが必要です（金融商品会計実務指針318）。

4．内部統制報告制度（J-SOX）上の留意点──評価範囲の決定

　金融商品取引法上，上場会社等に対しては内部統制報告制度（J-SOX）の適用が義務付けられており，内部統制報告制度においては，重要な会社（事業拠点），重要なプロセスに対象を絞って評価します。デリバティブ取引についても，そのリスクや重要性等の程度によって，重要な業務プロセスとして評価範囲に含めるかどうかを検討します。

　評価範囲に含める場合には，業務記述書等による適切な文書化が求められますが，文書化にあたっては以下のポイントに留意してください。

- デリバティブ取引に係る手続の主体（実行者，承認者等）が明記されており，職務分掌が明確になっているか。
- デリバティブ取引に係る手続の具体的な方法，使用される資料名，承認者による承認の証跡（チェックマーク，押印等）が，業務記述書等に明記されているか。
- 業務記述書等の内容が，実際の業務内容と整合しているか。業務フローに改定があった場合，業務記述書等を実態に即して修正しているか。

Q6-3　有価証券について受渡期間が通常より長い場合の取扱い

Q	有価証券の約定日から受渡日までの期間が通常よりも長い場合には，デリバティブ取引として処理する必要がありますか。
A	有価証券の売買契約について，受渡期間が通常よりも長い場合には，先渡取引となり，デリバティブに該当します。

解 説

　金融商品会計実務指針第22項において，「約定日から受渡日までの期間が通常の期間よりも長い場合，売買契約は先渡契約であり，買手も売手も約定日に当該先渡契約による権利義務の発生を認識する。」とされているからです。この場合，原則として時価により評価し，評価差額を当期の損益に計上します。

　なお，受渡しまでの期間が通常の期間よりも長いかどうかは，原則として，国内の上場有価証券については証券取引所の定める約定日から受渡日までの日数など，金融商品の種類ごとに，かつ，市場または取引慣行ごとに，通常受渡しに必要な日数との比較によって判断します。例えば，上場株式の発行日取引や発行前に約定される債券の店頭取引等については，個別具体的なケースに応じて，市場の慣行に基づく合理的な日数かどうかを検討する必要があります（金融商品会計実務指針23）。

Q6-4 デリバティブ取引の開示

Q 有価証券報告書における，デリバティブ取引の開示上の留意点を教えてください。

A デリバティブ取引に関しては，有価証券報告書において，その会計方針を注記するとともに，取組方針・リスクおよびその管理方法・時価等を開示する必要があります。また，取引の種類ごとに貸借対照表日における契約額または元本相当額，時価について，ヘッジ会計が適用されているものとヘッジ会計が適用されていないものに区分して注記し，ヘッジ会計が適用されていないものについては，加えて貸借対照表日における評価損益を注記します。

解 説

1．重要な会計方針

デリバティブ取引の期末未決済残高について，時価法により処理している場合，重要性がない場合を除き，原則として「重要な会計方針」にその旨を記載します。

また，ヘッジ会計を適用している場合には，重要性がない場合を除き，その方法を「重要な会計方針」に記載します。

2．金融商品に関する注記

金融商品に関する注記においては他の金融商品と同様に，取組方針やリスクおよびその管理方法，時価等を開示します（詳細は「第10章　金融商品の時価等の開示」参照）。

なお，時価算定会計基準等の公表に伴い時価開示適用指針が改正され，上記に加えて「金融商品の時価のレベルごとの内訳等に関する事項」の開示が求められることになりました。

3．デリバティブ取引に関する注記

　重要性がない場合を除き，取引の種類ごとに貸借対照表日における契約額または元本相当額，時価について，ヘッジ会計が適用されているものとヘッジ会計が適用されていないものに区分して記載し，ヘッジ会計が適用されていないものについては，加えて貸借対照表日における評価損益を注記します。

■ヘッジ会計が適用されているもの
- 貸借対照表日における契約額または契約において定められた元本相当額
- 貸借対照表日における時価

■ヘッジ会計が適用されていないもの
- 貸借対照表日における契約額または契約において定められた元本相当額
- 貸借対照表日における時価
- 貸借対照表日における評価損益

　なお，金利スワップの特例処理および為替予約等の振当処理については，ヘッジ対象と一体として，当該ヘッジ対象の時価に含めて注記することができます。

コラム　日本のデリバティブ取引市場の規模

　日本のデリバティブ取引の残高（想定元本）は，2022年6月現在で約71兆ドルです。このうち店頭取引（非上場デリバティブ）は約63兆ドル，取引所取引（上場デリバティブ）は約8兆ドルで，図表6-4からもわかるように，その規模は年々増加しています。2022年における日本の名目GDPが約542兆円ですので，デリバティブ取引の残高は名目GDPの10倍以上ということになります。

図表6-4　デリバティブ取引（想定元本）の推移

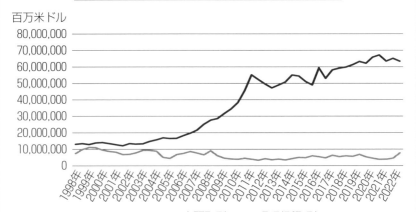

百万米ドル

（出典）「デリバティブ取引に関する定例市場報告」（日本銀行）に基づき筆者が作成

　また，2022年6月における店頭取引，取引所取引ごとの取引種類別の内訳は，図表6-5のとおりです。店頭取引・取引所取引ともに最も大きいのは金利関連取引です。ただ，店頭取引では金利スワップが全体の8割程度を占めているのに対し，金利スワップの取扱いがない取引所取引では，金利先物と金利オプションが半々程度となっています（ここ数年は金利オプションの想定元本合計が金利先物を上回っています）。

図表6-5　店頭，取引所それぞれの種類別の想定元本の内訳

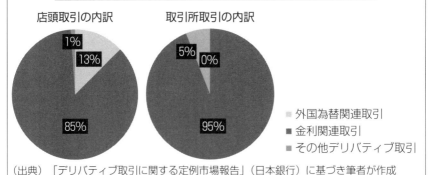

（出典）「デリバティブ取引に関する定例市場報告」（日本銀行）に基づき筆者が作成

第7章

ヘッジ会計

- ヘッジ会計は，ヘッジ対象とヘッジ手段の損益計上のタイミングが一致しない場合において，そのタイミングを一致させるために行う特殊な会計処理です。
- ヘッジ会計は特殊な会計処理であるため，ヘッジを目的としたすべての取引に適用できるわけではなく，一定の要件を満たす場合にのみ適用できます。
- ヘッジ会計の種類としては，繰延ヘッジ，時価ヘッジ，金利スワップの特例処理，振当処理があります。
- ヘッジ会計の要件を満たさなくなった場合やヘッジ手段が消滅した場合は，ヘッジ会計を中止しなければなりません。また，ヘッジ対象が消滅した場合には，ヘッジ会計を終了しなければなりません。

Q7-1 ヘッジ会計の概要

Q	ヘッジ会計の概要を教えてください。
A	ヘッジ会計とは，ヘッジ対象とヘッジ手段の損益計上のタイミングが一致しない場合において一定の要件を満たすときに，両者の損益計上のタイミングを一致させるために行われる特殊な会計処理のことをいいます。

解 説

1．ヘッジ取引とは

ヘッジ取引とは，ヘッジ対象の資産・負債に係る相場変動を相殺するか，ヘッジ対象の資産・負債に係るキャッシュ・フローを固定してその変動を回避することにより，ヘッジ対象の資産・負債の価格変動，金利変動および為替変動といった相場変動等による損失の可能性を減殺することを目的として，デリバティブ取引をヘッジ手段として用いる取引をいいます（金融商品会計基準96）。

リスクを回避したい資産・負債を「ヘッジ対象」，リスクを回避する手段としてのデリバティブ取引を「ヘッジ手段」といいます。

ヘッジ取引には以下の2種類があります。

> ① 相場変動を相殺するヘッジ取引
> ヘッジ対象が相場変動リスクにさらされており，かつ，ヘッジ対象の相場変動とヘッジ手段の相場変動との間に密接な経済的相関関係があり，ヘッジ手段がヘッジ対象の相場変動リスクを減少させる効果をもつもの。
> ② キャッシュ・フローを固定するヘッジ取引
> ヘッジ対象がキャッシュ・フロー変動リスクにさらされており，かつ，ヘッジ対象のキャッシュ・フロー変動とヘッジ手段のキャッシュ・フロー変動との間に密接な経済的相関関係があり，ヘッジ手段がヘッジ対象のキャッシュ・フロー変動リスクを減少させる効果をもつもの。

2．ヘッジ会計とは

　ヘッジ会計とは，ヘッジ取引のうち一定の要件を満たすものについて，ヘッジ対象に係る損益とヘッジ手段に係る損益を同一の会計期間に認識し，ヘッジの効果を会計に反映させるための特殊な会計処理のことをいいます。

　ヘッジ手段であるデリバティブ取引は，原則的な会計処理によれば期末に時価評価され，損益が認識されます。一方で，ヘッジ対象の資産・負債については，期末に時価評価されないものがあります。また，その他有価証券のように，時価評価差額が損益ではなく純資産に計上されるものもあります。このように，ヘッジ対象に係る資産・負債の相場変動等が損益に反映されない場合には，ヘッジ対象に係る損益とヘッジ手段に係る損益が期間的に対応しなくなり，ヘッジ対象の相場変動等によるリスクがヘッジ手段によって回避されている経済的実態が財務諸表に反映されません。このため，一定の要件を満たす場合にはヘッジの効果を財務諸表に反映させるために，ヘッジ対象に係る損益とヘッジ手段に係る損益を同一の会計期間に認識するヘッジ会計が認められています（金融商品会計基準97）。

3．ヘッジ会計の適用要件

　ヘッジ会計の適用にあたっては，ヘッジ取引時の要件およびヘッジ取引時以降の要件を満たす必要があります。

⑴　ヘッジ取引開始時の要件（事前テスト）

①　リスク管理方針の文書化

　ヘッジ取引時において，ヘッジ取引が企業のリスク管理方針に従ったものであることが，以下のいずれかによって客観的に認められることが必要です。

- 当該取引が企業のリスク管理方針に従ったものであることが，文書により確認できること（比較的単純な形でヘッジ取引を行っている企業に適しています）
- 企業のリスク管理方針に関して明確な内部規程および内部統制組織が存在し，当該取引がこれに従って処理されることが期待されること（多数・複雑なヘッジ取引を行っており，個別のヘッジ取引とリスク管理方針との関係を具体的に文書化することが困難な企業に適しています。具体的には，ヘッジのためにデ

> リバティブ取引を実行する部門とは分離されたリスク管理部門を設け，ヘッジ
> 取引の実行を適切に管理するシステムが確立されている必要があります）

　具体的には，以下の事項を正式な文書によって明確にする必要があります。

（i）　ヘッジ手段とヘッジ対象

　ヘッジ対象のリスクを明確にし，このリスクに対していかなるヘッジ手段を用いるかを明確にする必要があります。ヘッジ対象とヘッジ手段の対応関係として，例えば，外貨建取引（金銭債権債務，有価証券，予定取引等）の為替変動リスクに対して為替予約取引，通貨オプション取引，通貨スワップ取引等をヘッジ手段として用いることが考えられますので，これらの関係を正式な文書によって明確にしなければなりません。また，ヘッジ手段に関しては，その有効性について事前に予測しておく必要があります。

（ii）　ヘッジ有効性の評価方法

　ヘッジ開始時点で相場変動またはキャッシュ・フロー変動の相殺の有効性を評価する方法を明確にし，ヘッジ期間を通して一貫して，当該評価方法を用いてそのヘッジ関係が高い有効性をもって相殺が行われていることを確認しなければなりません。

　個別ヘッジの場合はヘッジ対象とヘッジ手段が単純に一対一の関係にあるので，ヘッジ対象とヘッジ手段の相場変動またはキャッシュ・フロー変動を直接結びつけてヘッジの有効性を判定します。これに対し，ヘッジ対象が複数であり，相場変動またはキャッシュ・フロー変動をヘッジ手段と個別に関連付けることが困難な場合には，包括ヘッジの要件（金融商品会計実務指針152）を満たすものに限り，ヘッジ手段をヘッジ対象と包括的に対応させる方法（包括ヘッジ）を採用することもできます。ただし，企業は個別ヘッジによるか包括ヘッジによるかを事前に明示しなければなりません。

　また，有効性の評価にあたって恣意性が介入しないようにするため，通常，同種のヘッジ関係には同じ方法を適用して有効性を評価すべきといえます。

② リスク管理方針文書の記載事項

　リスク管理方針は，取締役会などの意思決定機関において適切な承認を得たものでなければならず，企業環境の変化等に応じて見直しをする必要があります。そこには，少なくとも，管理の対象とするリスクの種類と内容，ヘッジ方針，ヘッジ手段の有効性の検証方法等のリスク管理の基本的な枠組みが含まれている必要があります。具体的には，以下の事項を記載します。

(i) ヘッジ方針
- リスク・カテゴリー別のヘッジ比率
- ヘッジ対象の識別方法
- リスク・カテゴリー別のヘッジ手段の選択肢

(ii) ヘッジ手段の有効性の検証方法
- ヘッジ対象とするリスク・カテゴリーとの価格変動の相関関係の測定方法
- ヘッジ手段に十分な流動性が期待できるか否か

　また，ヘッジの有効性テストの結果は，同一ヘッジ取引についてその後のヘッジに係る事前テストに反映しなければなりません。

③ ヘッジの有効性に関する事前確認

　新たにヘッジ取引を開始する場合には，その基礎商品の相場変動等に対する価格変動特性とヘッジ対象カテゴリーの価格変動特性の類似度合い，ヘッジ損益を実現させるために十分な市場の流動性が期待できるか等を分析し，ヘッジ手段としての有効性を予測しておくことが必要です。

　その方法としては，比率分析や回帰分析などが考えられます。

(2) ヘッジ取引時以降の要件（事後テスト）

① 事後テストの概要

　ヘッジ会計を適用するためには，ヘッジ取引開始時以降も継続して，高い有効性が保たれていることを確認する必要があります。このため，ヘッジ対象の

相場変動またはキャッシュ・フロー変動とヘッジ手段の相場変動またはキャッシュ・フロー変動との間に高い相関関係があったかどうか（ヘッジ対象の相場変動またはキャッシュ・フロー変動が，ヘッジ手段によって高い水準で相殺されたかどうか）を文書化されたリスク管理方針・管理方法に沿って，継続してテストしなければなりません。

② 事後テストの頻度

　金融商品会計実務指針第146項では，ヘッジの有効性については，少なくとも6か月に1回程度は検証するとともに，決算日には必ず評価するものとされています。ただし，この規定は，四半期報告制度が導入される前の中間財務諸表を前提としたものであり，報告書提出の都度，実施することを意図しているものと考えられ，四半期報告書提出会社においては，各四半期決算に一度，ヘッジの有効性評価を行うことが望ましいといえます。なお，四半期会計基準において，ヘッジ有効性の評価に関して四半期特有の取扱いは定められていません。

4．ヘッジ対象の識別

　ヘッジ会計を適用するためには，ヘッジ対象が相場変動による損失の可能性がある資産・負債であり，以下のいずれかに該当している必要があります。なお，資産・負債には，予定取引[1]から生じると見込まれるものも含みます。

- 資産・負債に係る相場変動が評価に反映されていない（固定金利の借入金・貸付金など）
- 資産・負債に係る相場変動が評価に反映されてはいるが，評価差額が損益として処理されていない（その他有価証券）

　したがって，例えば変動金利の借入金や貸付金など，資産・負債に伴うキャッシュ・フローが変動するものもヘッジ対象となり得ますが，相場変動が

1　予定取引とは，未履行の確定契約に係る取引および契約は成立していないものの，取引予定時期，取引予定物件，取引予定量，取引予定価格等の主要な取引条件が合理的に予測可能であり，かつ，それが実行される可能性が極めて高い取引をいいます（金融商品会計基準（注12））。

評価に反映されており，かつ評価差額が損益として処理される売買目的有価証券等は，ヘッジ対象とはなりません。

5．ヘッジ指定の方法

　ヘッジ会計を適用するには，リスクのある資産・負債の中からヘッジ対象を識別し，ヘッジ対象とヘッジ手段を対応させること（ヘッジ指定）が必要です。ヘッジ指定にあたっては，ヘッジ取引日，ヘッジ対象とリスクの種類，ヘッジ手段，ヘッジ割合，ヘッジを意図する期間などを文書化することが求められます（金融商品会計実務指針150，151，153）。

　ヘッジ指定は，ヘッジ対象の金額の一定割合またはヘッジ対象の保有期間の一部の期間のみを対象として行うこともできます。

　ヘッジ対象の識別は，資産・負債等について取引単位で行うことが原則ですが，市場におけるヘッジ手段の最低取引単位が対象とする資産・負債等の取引単位より大きい場合やヘッジ取引のコストまたは信用リスクを軽減しようとする場合に，企業内部の部門ごとまたはその企業において，リスクの共通する資産・負債等をグルーピングしたうえで，ヘッジ対象を識別する方法（包括ヘッジ）もあります。

6．ヘッジ会計の方法

　ヘッジ会計の方法には，原則的方法である繰延ヘッジのほか，一定の要件を満たす場合には時価ヘッジ，金利スワップの特例処理，外貨建取引会計基準における振当処理が認められています。

⑴　繰延ヘッジ

　繰延ヘッジとは，時価評価されているヘッジ手段に係る損益または評価差額を，ヘッジ対象に係る損益が認識されるまで純資産の部に繰り延べる方法をいい，ヘッジ会計の原則的方法です（金融商品会計基準32）。繰り延べるヘッジ手段に係る損益または評価差額は，税効果会計を適用した上で，繰延ヘッジ損益として純資産の部に計上します。

⑵ **時価ヘッジ**

　時価ヘッジとは，ヘッジ対象である資産・負債に係る相場変動等を損益に反映させることにより，その損益とヘッジ手段に係る損益とを同一の会計期間に認識する方法をいいます（金融商品会計基準32）。この方法は，ヘッジ対象である資産・負債に係る相場変動等を損益に反映させることができる場合にのみ適用できます。このため，時価評価の対象とならない貸出金や借入金には適用できず，現状，我が国で適用できるのは，その他有価証券だけだといえます（金融商品会計実務指針185）。

⑶ **金利スワップの特例処理**

　金利スワップ取引のうち以下の要件を満たす場合には，金利スワップを時価評価せず，その金銭の受払いの純額等をヘッジ対象の資産・負債に係る利息に加減して処理することが認められています（金融商品会計基準（注14））。この方法を金利スワップの特例処理といいます。

> - 資産・負債に係る金利の受払条件を変換することを目的として利用されていること
> - 金利変換の対象となる資産・負債とヘッジ手段とがヘッジ会計の要件を満たしていること
> - 金利スワップの想定元本，利息の受払条件（利率，利息の受払日等）および契約期間がヘッジ対象である資産・負債とほぼ同一であること

⑷ **外貨建取引等会計基準における振当処理**

　決算日レートで換算される外貨建金銭債権債務および外貨建有価証券について，為替予約等（通貨オプション，通貨スワップ等を含みます）により為替変動リスクのヘッジを行った場合，繰延ヘッジのほかに，為替予約等をヘッジ対象である外貨建金銭債権債務等に振り当てる処理（振当処理）が認められています。

Q7-2 ヘッジ有効性の評価

Q	ヘッジ有効性の評価の方法について教えてください。
A	企業は，指定したヘッジ関係について，ヘッジ取引開始時以降も継続してヘッジ指定期間中，高い有効性が保たれていることを確認する必要があります。すなわち，ヘッジ対象の相場変動またはキャッシュ・フロー変動とヘッジ手段の相場変動またはキャッシュ・フロー変動との間に高い相関関係があったかどうか（ヘッジ対象の相場変動またはキャッシュ・フロー変動が，ヘッジ手段によって高い水準で相殺されたかどうか）をテストしなければなりません。

解 説

1．ヘッジ有効性の評価方法

　ヘッジ開始時に求められる事前テストにおいて，企業は，ヘッジ開始時点で相場変動またはキャッシュ・フロー変動の相殺の有効性を評価する方法を明確にする必要があります。その際，ヘッジ手段の損益すべてをその評価対象に含めるのか，または時間的価値等（例えば，オプションの時間的価値，スポット価格と先物・先渡価格の差額等）を除いて評価するのかを各ヘッジ取引の特性に応じてあらかじめ決めなければなりません。

　そして，ヘッジ取引時以降においては事後テストを行い，ヘッジ期間を通じて一貫して，この評価方法を用いてそのヘッジ関係が高い有効性をもって相殺が行われていることを確認しなければなりません。企業が当初決めた有効性の評価方法を変更した場合には，ヘッジ関係の指定の見直しを行い，新たにヘッジ取引の適用を開始し，ヘッジ会計の要件を満たさなくなったものについては，ヘッジ会計の中止として処理します。

　ヘッジ有効性の判定は，原則としてヘッジ開始時から有効性判定時点までの期間において，ヘッジ対象の相場変動またはキャッシュ・フロー変動の累計とヘッジ手段の相場変動またはキャッシュ・フロー変動の累計とを比較し，両者の変動額等を基礎にして判断します。金融商品会計実務指針第156項では，両

者の変動額の比率が概ね80％から125％の範囲内であれば，ヘッジ対象とヘッジ手段の間に高い相関関係があると認められるとされています。オプション取引については，ヘッジ方針に従い，オプション価格の変動額とヘッジ対象の時価変動額を比較するか，またはオプションの基礎商品の時価変動額とヘッジ対象の時価変動額を比較して判定を行います。

なお，ヘッジ対象の相場変動またはキャッシュ・フロー変動の要因となるリスク要素のうち特定の要素のみ（例えば，外貨建株式の為替リスクのみ）をヘッジすることを意図している場合において，変動額をリスク要素別に区分して把握できるときは，ヘッジの対象として意図されたリスク要素に起因する変動額に基づいて判定することができます。

ヘッジ取引開始時に行ったヘッジ効果の事前確認の結果が，ヘッジ手段の高い有効性を示している限り，たとえ上記により算出した変動額の比率が高い相関関係を示していなくても，その原因が，変動幅が小さいことによる一時的なものと認められるときは，ヘッジ会計の適用を継続することができます。

2．ヘッジ有効性の判定を省略できるケース

一般的に，ヘッジ手段とヘッジ対象の資産・負債または予定取引に関する重要な条件が同一である場合には，ヘッジ開始時およびその後も継続して，相場変動またはキャッシュ・フロー変動を完全に相殺するものと想定することができます。例えば，以下のすべてに該当するような先渡契約によってヘッジされた予定購入取引は，ヘッジに高い有効性があるといえます。このような場合には，前述の有効性の判定は省略することができます。

- 先渡契約が，ヘッジ対象となるべき予定購入と同一商品，同量，同時期，同一場所であること
- ヘッジ開始時の先渡契約の時価がゼロであること
- 先渡契約のディスカウントまたはプレミアムの変動がヘッジ有効性の評価から除かれていること，または予定取引のキャッシュ・フロー変動がその商品の先物価格に依存していること

なお，金利スワップについては，金融商品会計実務指針第178項の特例処理の要件に該当すると判定される場合には，その判定をもって有効性の判定に代

えることができます（金融商品会計実務指針158）。

3．ヘッジ非有効部分の会計処理

　ヘッジ対象の相場変動等を100％ヘッジすることを意図した場合であっても，ヘッジ手段の有効性には限界があるため，結果としてヘッジ手段に係る相場変動等がヘッジ対象に係る相場変動等を超える部分（非有効部分）が発生することがあります。

　このような場合には，本来は非有効部分を区分し，有効部分についてのみ繰り延べるべきですが，多数のヘッジ取引を行っている場合には，実務上非常に煩雑になります。このため，ヘッジ取引全体としての有効性が確保され，かつ，ヘッジ会計の要件が満たされていれば，非有効部分を区分せず，ヘッジ手段に係る損益全体を繰り延べる処理が認められています。また，非有効部分を合理的に区分できる場合には，継続適用を条件に，非有効部分を繰り延べずに当期の損益として計上することも認められています。

設例7-1　ヘッジ非有効部分の会計処理

前提条件

① 　A社（3月決算）は，X1年1月1日にオーストラリアドル建の変動利付債（その他有価証券）を1銘柄購入し，同時に当該変動利付債の為替変動リスクをヘッジするために，ニュージーランドドル建の為替売予約を行った。

② 　オーストラリアドル建とニュージーランドドル建の対円相場は，完全に一致するわけではないものの，高い相関関係で推移していると見込まれており，ヘッジ会計の要件を満たしているため，繰延ヘッジを適用した。

③ 　X1年3月31日において，オーストラリアドル建の変動利付債の為替変動リスクに起因する時価は100増加し，ニュージーランドドル建の為替売予約の時価は110減少した。

④ 　税効果会計は考慮しないものとする。

X1年3月31日の会計処理

1．ヘッジ有効性の判定

　ヘッジ対象とヘッジ手段の時価変動額の比率110％＝ヘッジ手段の時価変動額110

（前提条件③）÷ヘッジ対象の時価変動額100（前提条件③）

∴　ヘッジ対象とヘッジ手段の時価変動額の比率が概ね80％から125％までの範囲内であるため，全体としては有効である。

２．ヘッジ非有効部分の会計処理

　⒜　非有効部分も含め，ヘッジ手段に係る損益全体を繰り延べる方法

＜その他有価証券＞

（借）　その他有価証券	^{（※）}100	（貸）　その他有価証券 　　　　評 価 差 額 金	^{（※）}100

（※）　前提条件③参照。

＜為替予約＞

（借）　繰延ヘッジ損益	^{（※）}110	（貸）　為替予約（負債）	^{（※）}110

（※）　前提条件③参照。

　⒝　非有効部分を当期の損失として認識し，有効部分だけを繰り延べる方法

＜その他有価証券＞

（借）　その他有価証券	^{（※）}100	（貸）　その他有価証券 　　　　評 価 差 額 金	^{（※）}100

（※）　前提条件③参照。

＜為替予約（非有効部分を当期の損失として営業外損益に計上する）＞

（借）　繰延ヘッジ損益 　　　　デリバティブ評価損 　　　　（営 業 外 費 用）	^{（※）}100 ^{（※）}10	（貸）　為替予約（負債）	^{（※）}110

（※）　会計処理１参照。

Q7-3 繰延ヘッジの会計処理

Q	繰延ヘッジの会計処理を教えてください。
A	繰延ヘッジでは，時価評価されているヘッジ手段に係る損益または評価差額を，ヘッジ対象に係る損益が認識されるまで「繰延ヘッジ損益」として純資産の部に繰り延べます。 なお，一定の事態が発生した場合には，ヘッジ会計を中止または終了する必要があります。

解 説

　Q7-1で解説したように，繰延ヘッジとは，時価評価差額が計上されているヘッジ手段に係る損益または評価差額を，ヘッジ対象に係る損益が認識されるまで純資産の部に繰り延べる方法をいいますが，繰り延べていたヘッジ損益を損益に計上するにあたっては，原則としてヘッジ対象の損益区分と同一区分に表示します。すなわち，繰り延べていたヘッジ損益を，ヘッジ対象が商品であれば売上原価として，株式であれば有価証券売却損益として，利付資産・負債であれば利息の調整として損益に戻入処理します。ただし，為替変動リスクのヘッジによるヘッジ損益については，為替差損益として処理することができます。

設例7-2　繰延ヘッジの会計処理

（前提条件）
① A社（3月決算）は，X1年2月1日に，X1年4月30日に予定している商品の売上代金としての売掛金1,000ドルの為替相場変動をヘッジするため，1ドル＝115円で為替予約（売予約）を締結した。
② 為替予約時から決済日までの先物為替相場および直物為替相場の変動は以下のとおり。

	為替予約 2月1日	決算日 3月31日	売上取引 4月30日	決済日 5月31日
先物為替相場	115円/ドル	110円/ドル	100円/ドル	－
直物為替相場	－	－	101円/ドル	－

③　ヘッジ有効性の判定の結果は有効とする。

④　税効果会計は考慮しないものとする。

（会計処理）

1．為替予約締結（X1年2月1日）

仕訳なし

2．決算日（X1年3月31日）

　為替予約を決算時の先物為替相場にて時価評価し，評価差額を純資産に繰り延べます。

（借）　為替予約（資産）　　　（※）5,000　（貸）　繰延ヘッジ損益　　　（※）5,000
　　　　　　　　　　　　　　　　　　　　　　　　　　（純　資　産）

（※）　先物為替相場（為替予約時115円－決算日110円）×1,000ドル＝5,000円

3．翌期首（X1年4月1日）

　期末の為替予約を振り戻します。

（借）　繰延ヘッジ損益　　　（※）5,000　（貸）　為替予約（資産）　　　（※）5,000
　　　　（純　資　産）

（※）　会計処理2参照。

4．売上取引（X1年4月30日）

　取引時の直物為替相場にて売上高を計上します。

（借）　売　掛　金　　　（※）101,000　（貸）　売　上　高　　　（※）101,000

（※）　直物為替相場101円×売上高1,000ドル＝101,000円

　為替予約を取引時の先物為替相場にて時価評価し，評価差額をヘッジ対象に振り替えます。

（借）　為替予約（資産）	^{（※）}15,000	（貸）　繰延ヘッジ損益 （純　資　産）	^{（※）}15,000
繰延ヘッジ損益 （純　資　産）	^{（※）}15,000	売　　上　　高	^{（※）}15,000

（※）　先物為替相場（為替予約時115円 − 取引時100円）×売上高1,000ドル＝15,000円

5．為替予約および売掛金決済日（X1年5月31日）

　為替予約時の先物為替相場にて現金預金を受け取り，取引時の直物為替相場にて計上された売掛金が決済されます。また，資産に計上した為替予約が決済されるとともに，取引時の直物為替相場と先物為替相場の差を為替差損益として計上します。

（借）　現　金　預　金	^{（※1）}115,000	（貸）　売　　掛　　金	^{（※2）}101,000
為　替　差　損　益	^{（※3）}1,000	為替予約（資産）	^{（※4）}15,000

（※1）　先物為替相場（為替予約時）115円×売上高1,000ドル＝115,000円
（※2）　会計処理4参照。
（※3）　（直物為替相場（取引時）101円 − 先物為替相場（取引時）100円）×売上高1,000ドル＝1,000円
（※4）　会計処理4参照。

Q7-4　時価ヘッジの会計処理

Q	時価ヘッジの会計処理を教えてください。
A	時価ヘッジとは，ヘッジ対象がその他有価証券である場合に，当該相場変動等を損益に反映させることにより，その損益とヘッジ手段に係る損益とを同一の会計期間に認識する方法です。

解　説

　Q7-1で解説したように，時価ヘッジとは，ヘッジ対象である資産・負債に係る相場変動等を損益に反映させることにより，その損益とヘッジ手段に係る損益とを同一の会計期間に認識する方法をいいますが，ヘッジ対象であるその他有価証券の時価の変動要因のうち特定のリスク要素（金利，為替，信用等）のみをヘッジの目的としているときは，ヘッジ取引開始以後に生じた時価の変動のうち当該リスク要素の変動に係る時価の変動額を当期の損益として計上し，その他のリスク要素の変動に係る時価の変動額を当期の損益に計上し，その他のリスク要素の変動に係る時価の変動額は純資産の部に計上します。その結果，ヘッジ手段から生ずる時価変動額とヘッジ対象の中のヘッジ目的とされたリスク要素から生ずる時価変動額が損益計算書上で相殺されます。

設例7-3　その他有価証券の価格変動リスクをヘッジする場合の会計処理

（前提条件）

①　A社（3月決算）は，B社固定利付社債を購入し，これをその他有価証券に区分した。

②　購入と同時に，当該社債の金利変動による価格変動リスクをヘッジするために，固定払・変動受の金利スワップを締結した。

③　その他有価証券および金利スワップの決算日の時価はそれぞれ以下のとおり。なお，B社の信用が悪化したため，影響も時価に反映している。

	その他有価証券	金利スワップ
取得原価	10,000	0
金利上昇による影響	△200	210
信用悪化による影響	△300	－
期末時価	9,500	210

④　税効果会計は考慮しないものとする。

【決算日の会計処理】

1．ヘッジ会計を適用しない場合

＜その他有価証券の時価評価＞

> （借）　その他有価証券　　　　(※)500　（貸）　その他有価証券　　　　(※)500
> 　　　　評 価 差 額 金

（※）　期末時価9,500 － 取得原価10,000 ＝ △500

＜金利スワップの時価評価＞

> （借）　金利スワップ(資産)　　(※)210　（貸）　スワップ評価損益　　　(※)210

（※）　期末時価210 － 取得原価 0 ＝ 210

2．繰延ヘッジを適用する場合

＜その他有価証券の時価評価＞

> （借）　その他有価証券　　　　(※)500　（貸）　その他有価証券　　　　(※)500
> 　　　　評 価 差 額 金

（※）　期末時価9,500 － 取得原価10,000 ＝ △500

＜金利スワップの時価評価＞

> （借）　金利スワップ(資産)　　(※)210　（貸）　繰延ヘッジ損益　　　　(※)210
> 　　　　　　　　　　　　　　　　　　　　（純 資 産）

（※）　期末時価210 － 取得原価 0 ＝ 210

3．時価ヘッジを適用する場合

＜その他有価証券の時価評価＞

（借）	その他有価証券	[※1]300	（貸）	その他有価証券	[※3]500
	評 価 差 額 金				
	有価証券評価損益	[※2]200			

（※1）　信用悪化による影響
（※2）　金利上昇による影響
（※3）　期末時価9,500－取得原価10,000＝△500

＜金利スワップの時価評価＞

（借）	金利スワップ(資産)	[※]210	（貸）	スワップ評価損益	[※]210

（※）　期末時価210－取得原価 0 ＝210

Q7-5 金利スワップの特例処理

Q	金利スワップの特例処理は具体的にどのように行いますか。
A	金利スワップの特例処理とは，一定の要件を満たす場合において，金利スワップを時価評価せず，その金銭の受払いの純額等をヘッジ対象の資産または負債に係る利息に加減する，ヘッジ会計の例外的方法をいいます。

解 説

1．金利スワップの特例処理とは

　Q7-1で解説したように，資産または負債に係る金利の受払条件を変換することを目的として利用されている金利スワップが金利変換の対象となる資産または負債とヘッジ会計の要件を満たしており，かつ，その想定元本，利息の受払条件（利率，利息の受払日等）および契約期間が当該資産または負債とほぼ同一である場合には，金利スワップを時価評価せず，その金銭の受払いの純額等を当該資産または負債に係る利息に加減して処理することができます（金融商品会計基準（注14））。この方法を金利スワップの特例処理といいます。

設例7-4　金利スワップの特例処理

前提条件

① 　A社（3月決算）はX1年7月1日に，期間5年，変動金利（6か月TIBOR＋1.0％）で1,000,000の借入れを行った。

② 　A社は，金利変動リスクをヘッジするために，変動金利（6か月TIBOR＋1.0％）を受け取り固定金利（2.75％）を支払う期間5年，想定元本1,000,000のスワップ契約を，借入れと同日に締結した。

③ 　借入金および金利スワップの利息は，いずれも後払いで6月30日と12月31日に支払われる。

④ 　6か月TIBORは以下のとおりであり，支払金利は支払日から6か月前の水準が適用される。

日付	TIBOR	スプレッド	借入金利
X1年7月1日	1.25%	1.0%	2.25%
X1年12月31日	1.50%	1.0%	2.50%

⑤　金利スワップの特例処理の要件を満たすものとする。

(会計処理)

1．X1年7月1日（借入れおよびスワップ契約締結日）

（借）現 金 預 金　　(※)1,000,000　（貸）借　　入　　金　　(※)1,000,000

（※）　前提条件①参照。

2．X1年12月31日（利払日）

　特例処理により，金利スワップの受払いの純額が，借入金の利息に加減されます。

（借）支 払 利 息　　(※1)11,250　（貸）現 金 預 金　　(※1)11,250
　　　支 払 利 息　　(※2)2,500　　　現 金 預 金　　(※2)2,500

（※1）　借入金1,000,000×2.25%（前提条件④）×6か月÷12か月=11,250
（※2）　金利スワップ想定元本1,000,000×（2.75%（前提条件②）−2.25%（前提条件④））×
　　　　6か月÷12か月=2,500

3．X2年3月31日（決算日）

　特例処理により，金利スワップの未払利息の純額が，借入金の未払利息に加減されます。

（借）支 払 利 息　　(※1)6,250　（貸）未 払 利 息　　(※1)6,250
　　　支 払 利 息　　625　　　未 払 利 息　　(※2)625

（※1）　借入金1,000,000×2.50%（前提条件④）×3か月÷12か月=6,260
（※2）　借入金1,000,000×（2.75%（前提条件②）−2.50%（前提条件④））×6か月÷12か月
　　　　=625

2．金利スワップの特例処理の条件

　金利スワップについて特例処理が認められるためには，以下の条件をすべて満たす必要があります。なお，売買目的有価証券およびその他有価証券は特例処理の対象とはなりません（金融商品会計実務指針178）。

---

① 金利スワップの想定元本と貸借対照表上の対象資産・負債の元本金額がほぼ
　一致している。
② 金利スワップとヘッジ対象の資産・負債の契約期間および満期がほぼ一致し
　ている。
③ 対象となる資産・負債の金利が変動金利である場合には，その基礎となって
　いるインデックスが金利スワップで受払いされる変動金利の基礎となっている
　インデックスとほぼ一致している。
④ 金利スワップの金利改定のインターバルおよび金利改定日が，ヘッジ対象の
　資産・負債とほぼ一致している。
⑤ 金利スワップの受払条件がスワップ期間を通して一定である（同一の固定金
　利および変動金利のインデックスが，スワップ期間を通して使用されている）。
⑥ 金利スワップに期限前解約オプション，支払金利のフロアーまたは受取金利
　のキャップが存在する場合には，ヘッジ対象の資産・負債に含まれた同等の条
　件を相殺するためのものである。

　上記の条件における「ほぼ一致」の定義については，以下のように考えます
（金融商品会計実務指針178，金融商品Q&A Q58）。

①　元本および想定元本

　金利スワップの想定元本と対象となる資産・負債の元本が，いずれかの５％
以内の差異である場合，ほぼ一致していると考えられます。

②　契約期間および満期

　契約期間または満期の長さによって，一概に何日または何か月異なっている
場合が要件に該当しないということはできませんが，その差異日数が金利ス
ワップの契約期間とヘッジ対象資産・負債の契約期間または満期のいずれかの
５％以内であれば，ほぼ一致していると考えられます。したがって，10年の金
利スワップであれば６か月，５年の金利スワップであれば３か月の差異までは，
ほぼ一致していると考えられます。

設例7−5　借入期間と金利スワップの契約期間が相違する場合の金利スワップの特例処理の要否

前提条件

① A社は，X1年7月1日に期間8年，変動金利（6か月TIBOR＋1.0％）で1,000,000の借入れを行った。

② A社は，X1年10月1日に金利変動リスクをヘッジするために，変動金利（6か月TIBOR＋1.0％）を受け取り固定金利（2.75％）を支払う期間7年9か月，想定元本1,000,000のスワップ契約を締結した。

金利スワップの特例処理の要否

借入金の契約期間と金利スワップの契約期間は3か月ずれているため，金利スワップの特例処理の要件である「契約期間および満期のほぼ一致」（＝その差異日数が金利スワップの契約期間とヘッジ対象資産・負債の契約期間または満期のいずれかの5％以内）しているかが論点となります。

本件においては，借入金の契約期間が8年であるのに対し，金利スワップの契約期間は7年9か月であり，その差異日数（3か月）はヘッジ対象（借入金）の契約期間の3.1％（＝3か月÷ヘッジ対象の契約期間8年（96か月））であることから，金利スワップの特例処理に特段の問題はないと考えられます。

③　変動金利インデックスのほぼ一致

例えば，3か月TIBORと3か月LIBOR^(注)は比較的高い相関関係を示すことが多いと考えられますが，自動的に「ほぼ一致」とするのではなく，ヘッジ取引開始時の直近の状況により「ほぼ一致」するかどうかを判定すべきと考えられます。直近の一定期間において，両者が高い相関関係を示していることが確認できる場合には，ほぼ一致しているものとして扱うことができます。

なお，プライムレートとTIBORまたはLIBORの関係については，TIBORやLIBORが時々刻々と変化するのに対して，プライムレートは一定期間変化しないのが通常であり，事前にほぼ一致すると判定することはできないと考えられます。このため，金利スワップの特例処理の対象とはなりません（金融商品Q&A Q58）。

（注）　LIBORは廃止されましたが，本説明では令和4年12月現在における金融商品

　Q&A Q58を参考に，LIBORを用いています。

④　金利改定日および改定インターバルのほぼ一致

　金利取引は３か月を単位として行われることが比較的多いため，金利改定日およびインターバルの差異は最大でも３か月以内でなければ，ほぼ一致しているとはいえないとされています。

　なお，金利スワップについて，特例処理の要件を満たさない場合であっても，ヘッジ会計の要件を満たす場合には，繰延ヘッジによりヘッジ会計を適用することができます（金融商品会計実務指針178）。

　また，支払金利に係るキャップ取引および受取金利に係るフロアー取引は，金利スワップに準じて特例処理の対象とすることができます。この場合，前記の各条件をすべて満たす必要があります。取引開始時に受渡しされるオプション料相当額については，利息の調整額として，ヘッジ対象である資産・負債の契約期間にわたって配分します。

3．マイナス金利下における金利スワップの特例処理

　平成28年1月29日に日本銀行がマイナス金利政策の導入を発表して以降，一部の国債の利回りがマイナスとなり，日本円TIBORなどもマイナス金利が観察されました。ここで，金融法委員会が平成28年2月23日に公表した「マイナス金利の導入に伴って生ずる契約解釈上の問題に対する考え方の整理」によれば，借入金等に係る適用金利が計算上マイナスになった場合，貸付人（金融機関など）は借入人に対してマイナス金利を適用して計算された利息相当額を支払う義務は負わないものと考えられます。一方，ヘッジ手段側であるデリバティブ（金利スワップ）については，マイナス金利に関し特例的な条項が付されていない限り，当該マイナス金利に基づいて算定された金利相当を当事者間でやり取りすることになります。

　このようなマイナス金利下においては，金利スワップの特例処理の1要件である「借入金等の変動金利の基礎となっているインデックスが金利スワップで受払される変動金利の基礎となっているインデックスとほぼ一致していること」の条件を満たしていないと考えられ，金利スワップの特例処理は認められ

ないものと考えることもできます。なお，企業会計基準委員会（ASBJ）は，平成28年3月期決算において，「現時点では実際に借入金の変動金利がマイナスとなっている例が少ないと考えられること，また，仮にマイナスとなっている場合でも，借入金の支払利息額（ゼロ）と金利スワップにおける変動金利相当額とを比較した場合，通常，両者の差額は僅少と考えられるため，特例処理の適用を継続することは妨げられない」という見解を示しています。ただし，この見解は既存の契約に関して示されたものであるため，限定的に解釈すべきであると考えられます。

Q7-6　予定取引に係るヘッジ会計の適用

Q	将来予定されている取引について，ヘッジ会計を適用することはできますか。
A	将来予定されている取引のうち，主要な条件が合理的に予測可能であり，かつ，それが実行される可能性が極めて高いものについては，要件を満たせばヘッジ会計を適用することができます。 予定取引にヘッジ会計を適用する場合，ヘッジ手段に生じた損益または評価差額は，ヘッジ対象に係る損益が認識されるまで，繰延ヘッジ損益として繰り延べられることになります。

解　説

1．ヘッジ対象となり得る予定取引の判断基準

　予定取引とは，未履行の確定契約に係る取引，契約は成立していないものの取引予定時期・取引予定物件・取引予定量・取引予定価格等の主要な取引条件が合理的に予測可能であり，かつ，それが実行される可能性が極めて高い取引をいいます（金融商品会計基準（注12））。ヘッジ対象となり得る予定取引に該当するか否かを判断する際には，例えば図表7－1のような項目を検討することになります。

図表7－1　予定取引の判断基準

項　　　目
過去に同様の取引が行われた頻度
企業が当該予定取引を行う能力
当該予定取引を行わないことによる不利益の有無
当該予定取引と同等の効果・成果をもたらす他の取引の存在
当該予定取引発生までの期間
予定取引数量
予定取引数量の妥当性

2．会計処理

繰延ヘッジ損益は，予定取引の実行時において図表7−2のように処理します。

図表7−2　予定取引実行時の処理

予定取引の種類	繰延ヘッジ損益の損益計上時期	損益計上時の科目	簿価修正の有無
予定取引により損益がただちに発生する場合	予定取引の実行時	ヘッジ対象取引に係る損益科目（売上高，支払利息など） （※）　為替変動リスクのヘッジによる損益については，為替差損益とすることができる。	なし
予定取引が資産の取得である場合	当該資産の取得価額が費用計上される時	資産の費用化に係る科目（売上原価，減価償却費等）	あり （※）　取得する資産が貸付金等の利付金融資産である場合には，受取利息の発生に対応させるため，簿価修正ではなく繰延ヘッジ損益として処理することもできる。
予定取引が利付負債の発生である場合	当該負債に係る利息費用の発生に対応させる	利息費用に係る科目（支払利息等）	なし（負債に係る利息費用と対応するように繰延ヘッジ損益として処理する）

| 設例7-6 | 予定取引実行時の処理（予定取引が資産の取得である場合） |

【前提条件】

① A社（3月決算）は，X1年4月に予定されている原材料のドル建て輸入に対して，円安によるコスト増加を懸念して，X1年1月31日にこの取引をヘッジするための為替予約を行った。この輸入取引は実行される可能性が極めて高いものであり，ヘッジ会計の要件も満たしている。

② 取引量および価格の予測に基づいて，代金決済の予想時期である5月末を決済期日とする為替予約を100,000ドル行った。予約レートは1ドル＝100円であった。

③ その後の直物レートの推移は以下のとおり。X1年4月30日に予想と同額の100,000ドルの輸入取引が実行され，X1年5月31日に為替予約と輸入代金が決済された。なお，単純化のため，先物レートは直物レートと同一であったものとしている。

日　時	直物レート（＝先物レート）
X1年1月31日（為替予約締結日）	100円/ドル
X1年3月31日（決算日）	98円/ドル
X1年4月30日（取引実行日）	102円/ドル
X1年5月31日（決済期日）	106円/ドル

④ 法定実効税率は30％とする。

⑤ 当該ヘッジ取引について，繰延ヘッジを適用する。

【会計処理】

1．X1年1月31日（為替予約締結日）

仕訳なし

2．X1年3月31日（決算日）

| （借）繰延ヘッジ損益 (※1)140,000 | （貸）為　替　予　約 (※3)200,000 |
| 　　　繰延税金資産 (※2)60,000 | |

（※1） 為替予約時価200,000円（※3）×（1－法定実効税率30％（前提条件④））＝140,000円

（※2） 為替予約時価200,000円（※3）×法定実効税率30％（前提条件④）＝60,000円

（※3） 為替予約100,000ドル（前提条件②）×（決算日レート98円（前提条件③）－為替予約締結日レート100円（前提条件③）＝△200,000円

3．X1年4月30日（取引実行日）

(a) 仕入取引の計上

（借）	原　材　料	^{（※）}10,200,000	（貸）	買　掛　金	^{（※）}10,200,000

（※） 輸入取引100,000ドル（前提条件③）×取引実行日レート102円（前提条件③）＝10,200,000円

(b) 為替予約の時価評価

（借）	為　替　予　約	^{（※1）}400,000	（貸）	繰延ヘッジ損益	^{（※2）}280,000
				繰延税金資産	^{（※3）}60,000
				繰延税金負債	^{（※4）}60,000

（※1） 為替予約100,000ドル（前提条件②）×（取引実行日レート102円（前提条件③）－決算日レート98円（前提条件③））＝400,000円
（※2） 為替予約時価400,000円（※1）×（1－法定実効税率30％（前提条件④））＝280,000円
（※3） 会計処理2（※2）参照。
（※4） 為替予約時価400,000円（※1）×法定実効税率30％（前提条件④）－繰延税金資産60,000円（※3）＝60,000円

(c) ヘッジ損益（累積額）の取得資産への振替え

（借）	繰延ヘッジ損益	^{（※1）}140,000	（貸）	原　材　料	^{（※3）}200,000
	繰延税金負債	^{（※2）}60,000			

（※1） 取引実行日に計上した繰延ヘッジ損益280,000円（会計処理(b)（※2））＋決算日に計上した繰延ヘッジ損益△140,000円（会計処理2（※1））＝140,000円
（※2） 会計処理(b)（※4）参照。
（※3） 為替予約100,000ドル（前提条件②）×（取引実行日レート102円（前提条件③）－為替予約締結日レート100円（前提条件③））＝200,000円

4．X1年5月31日（決済期日）

(a) 為替予約の決済

（借）	現　金　預　金	^{（※1）}600,000	（貸）	為　替　予　約	^{（※2）}200,000
				為　替　差　損　益	^{（※3）}400,000

（※1） 為替予約100,000ドル（前提条件②）×（決済期日レート106円（前提条件③）－為替

予約締結日レート100ドル（前提条件③））＝600,000円
（※2）　取引実行日に計上した為替予約400,000円（会計処理3(b)（※1））＋決算日に計上
　　　　した為替予約△200,000円（会計処理2（※3））＝200,000円
（※3）　600,000円（※1）－200,000円（※2）＝400,000円

(b)　買掛金の決済

（借）買　　掛　　金 (※1)10,200,000	（貸）現 金 預 金 (※2)10,600,000
為 替 差 損 益 (※2)400,000	

（※1）　会計処理3(a)（※）参照。
（※2）　10,200,000円（※1）－10,600,000円（※3）＝△400,000円
（※3）　輸入取引100,000ドル（前提条件③）×決済期日レート106円（前提条件③）＝
　　　　10,600,000円

Q7-7 ヘッジ会計の中止と終了

Q	ヘッジ会計の中止と終了の会計処理を教えてください。
A	ヘッジ有効性の評価基準を満たさなくなった場合やヘッジ手段が消滅した場合には，ヘッジ会計の適用を中止します。この場合，その時点までのヘッジ手段に係る損益または評価差額を，ヘッジ対象に係る損益が認識されるまで繰り延べます。 また，ヘッジ対象が消滅した時またはヘッジ対象である予定取引が実行されないことが明らかになった場合には，繰り延べられていたヘッジ手段に係る損益または評価差額を当期の損益として処理します。

解説

1．ヘッジ会計の中止

以下のような事態が発生した場合には，ヘッジ会計の適用を中止しなければなりません。

> ① 当該ヘッジ関係が企業のヘッジ有効性の評価基準を満たさなくなった場合
> ② ヘッジ手段が満期，売却，終了または行使のいずれかの事由により消滅した場合

これらの場合には，その時点までのヘッジ手段に係る損益または評価差額を，ヘッジ対象に係る損益が認識されるまで繰り延べます。また，①の場合，ヘッジ会計の中止以降のヘッジ手段に係る損益または評価差額は，発生した会計期間の損益計算書に計上します。

なお，ヘッジの目的が債券，借入金等の利付金融商品の金利リスクをヘッジするものであった場合において，ヘッジ会計の適用中止の時点まで繰り延べていたヘッジ手段に係る損益または評価差額は，ヘッジ対象の満期までの期間にわたり，金利の調整として損益に配分します。

設例7-7　**ヘッジ会計の中止（ヘッジ有効性の評価基準を満たさなくなった場合）**

前提条件

① A社（3月決算）はX1年1月1日に，B社固定利付社債（償還期限X4年3月31日）を10,000で購入し，これをその他有価証券に区分した。また，購入と同時に当該社債の金利変動による価格変動リスクをヘッジするために，当該金利スワップをヘッジ指定し，ヘッジ会計（繰延ヘッジ）を適用した。

② その他有価証券および金利スワップの時価はそれぞれ以下のとおり。なお，その他有価証券の時価の変動は，すべて金利の変動によるものである。ヘッジ有効性の評価の結果，X1年3月31日は有効と判定されたが，X2年3月31日は非有効と判定されたため，X1年4月1日に遡ってヘッジ会計を中止した。

	その他有価証券	金利スワップ
X1年1月1日	10,000	0
X1年3月31日	9,000	900
X2年3月31日	8,500	1,000

③ 税効果会計は考慮しないものとする。

④ 利息の受払いに係る会計処理は省略する。

会計処理（利息の受払いに係る会計処理は省略）

1．X1年1月1日（その他有価証券取得および金利スワップ契約締結時）

　(a)　その他有価証券

（借）その他有価証券　(※)10,000　（貸）現　金　預　金　(※)10,000

(※) 前提条件①参照。

　(b)　金利スワップ契約締結

仕訳なし

２．X1年３月31日（決算日）

(a) その他有価証券の時価評価

（借） その他有価証券 評価差額金	(※)1,000	（貸） その他有価証券	(※)1,000

（※） 決算日時価9,000（前提条件②）－取得価額10,000（前提条件①）＝△1,000

(b) 金利スワップの時価評価

（借） 金利スワップ	(※)900	（貸） 繰延ヘッジ損益	(※)900

（※） 前提条件②参照。

３．X1年４月１日（翌期首）

(a) その他有価証券の時価評価の振戻し

（借） その他有価証券	(※)1,000	（貸） その他有価証券 評価差額金	(※)1,000

（※） 会計処理２(a)参照。

(b) 金利スワップの時価評価の振戻し

（借） 繰延ヘッジ損益	(※)900	（貸） 金利スワップ	(※)900

（※） 会計処理２(b)参照。

４．X2年３月31日（決算日）

(a) その他有価証券の時価評価

（借） その他有価証券 評価差額金	(※)1,500	（貸） その他有価証券	(※)1,500

（※） 決算日時価8,500（前提条件②）－取得価額10,000（前提条件①）＝△1,500

(b) 金利スワップの時価評価

　ヘッジ有効期間（X1年１月１日～X1年３月31日）に係る繰延ヘッジ損益900は繰り延べられ，ヘッジ中止時（X1年４月１日）以降のヘッジ手段の損益100は当期の純損益として計上します。

（借）　金利スワップ	(※1)1,000	（貸）　繰延ヘッジ損益	(※2)900
		金利スワップ評価益	(※3)100

（※1）　前提条件②参照。
（※2）　会計処理2(b)参照。
（※3）　決算日時価1,000（※1）－ヘッジ有効期間に係る繰延ヘッジ損益900（※2）＝100

(c)　ヘッジ有効期間における繰延ヘッジ損益の損益配分

　ヘッジの目的が固定利付社債の金利リスクをヘッジするものであった場合，ヘッジ会計の適用中止の時点まで繰り延べていたヘッジ手段に係る損益は，ヘッジ対象の満期までの期間にわたり，金利の調整として損益に配分します。

（借）　繰延ヘッジ損益	(※)300	（貸）　有価証券利息	(※)300

（※）　繰延ヘッジ損益900（会計処理(b)（※2））×1年（X1年4月1日～X2年3月31日）
　　　÷3年（X1年4月1日～X4年3月31日）＝300

　ヘッジ会計を適用している間は，ヘッジ手段に損失または評価差損が発生していた場合でも，ヘッジ対象にほぼ同額の含み益が発生していると考えられます。しかし，ヘッジ会計の中止後は，ヘッジ手段の損失はそのまま繰り延べられるため，その後，ヘッジ対象に係る含み益が減少した場合であっても，繰り延べられたヘッジ損失は増減せず，ヘッジ会計の終了時点で重要な損失が発生する場合があります。このようなおそれがあるときは，当該損失部分を見積り，当期の損失として処理します（金融商品会計基準33）。

　ヘッジ会計の終了時点で発生するおそれのある損失が重要かどうかについては，当該金額が企業の経営成績および財政状態に与える影響等を総合的に勘案して判断します。

　なお，ヘッジ取引の開始前にヘッジ対象に含み損益が発生していた場合には，以下のように取り扱います。

①　ヘッジ取引開始前にヘッジ対象に含み益が発生していた場合
　　ヘッジ取引開始前のヘッジ対象の含み益は，ヘッジ取引開始後の含み益と合算して損失部分を見積ります。ヘッジ取引開始前後のヘッジ対象の含み益の合計が，ヘッジ手段に係る損失を上回っている場合には，ヘッジ会計終了時に損失が生じないため，損失の見積計上は不要です。

②　ヘッジ取引開始前にヘッジ対象に含み損が発生していた場合

　　　ヘッジ取引開始前のヘッジ対象の含み損は，ヘッジ取引とは無関係であると考えられるため，損失の見積計上は不要です。

２．ヘッジ会計の終了

　ヘッジ対象が消滅した時またはヘッジ対象である予定取引が実行されないことが明らかになった場合には，ヘッジ会計を終了し，繰り延べられていたヘッジ手段に係る損益または評価差額を当期の損益として処理します。

設例 7 - 8　ヘッジ会計の終了

（前提条件）

①　A社（3月決算）はX1年1月1日に，B社固定利付社債を10,000で購入し，これをその他有価証券に区分した。また，購入と同時に当該社債の金利変動による価格変動リスクをヘッジするために，当該金利スワップをヘッジ指定し，ヘッジ会計（繰延ヘッジ）を適用した。

②　その他有価証券および金利スワップの時価はそれぞれ以下のとおり。なお，その他有価証券の時価の変動は，すべて金利の変動によるものである。ヘッジ有効性の評価の結果，X1年3月31日は有効と判定された。なお，A社はX2年3月31日にその他有価証券を売却したため，ヘッジ会計を終了した。

	その他有価証券	金利スワップ
X1年1月1日	10,000	0
X1年3月31日	9,000	900
X2年3月31日	8,500	1,400

③　税効果会計は考慮しないものとする。

④　利息の受払いに係る会計処理は省略する。

（会計処理（利息の受払いに係る会計処理は省略））

1．X1年1月1日（その他有価証券取得および金利スワップ契約締結時）

　(a)　その他有価証券

（借）　その他有価証券　　　(※)10,000　（貸）　現　金　預　金　　　(※)10,000

(※)　前提条件①参照。

(b)　金利スワップ契約締結

仕訳なし

2．X1年 3 月31日（決算日）

(a)　その他有価証券の時価評価

（借）　その他有価証券　　　　^{（※）}1,000　（貸）　その他有価証券　　　　^{（※）}1,000
　　　　評 価 差 額 金

（※）　決算日時価9,000（前提条件②）－取得価額10,000（前提条件①）＝△1,000

(b)　金利スワップの時価評価

（借）　金 利 ス ワ ッ プ　　　^{（※）}900　（貸）　繰延ヘッジ損益　　　　^{（※）}900

（※）　前提条件②参照。

3．X1年 4 月 1 日（翌期首）

(a)　その他有価証券の時価評価の振戻し

（借）　その他有価証券　　　　^{（※）}1,000　（貸）　その他有価証券　　　　^{（※）}1,000
　　　　　　　　　　　　　　　　　　　　　　　　評 価 差 額 金

（※）　会計処理 2 (a)参照。

(b)　金利スワップの時価評価の振戻し

（借）　繰延ヘッジ損益　　　　^{（※）}900　（貸）　金 利 ス ワ ッ プ　　　^{（※）}900

（※）　会計処理 2 (b)参照。

4．X2年 3 月31日（決算日およびその他有価証券の売却）

(a)　その他有価証券の売却

（借）　現 金 預 金　　　^{（※1）}8,500　（貸）　その他有価証券　　　^{（※3）}10,000
　　　　投資有価証券売却損　^{（※2）}1,500

（※1）　前提条件②参照。
（※2）　決算日時価8,500（前提条件②）－取得価額10,000（前提条件①）＝△1,500
（※3）　前提条件③参照。

(b)　金利スワップの時価評価

　ヘッジ対象が消滅したため，繰り延べられていたヘッジ手段の損益900（会計処理2(b)）は，その後のヘッジ手段の損益500（＝1,400（前提条件②））−900（会計処理2(b)）とあわせてすべて当期の純損益として計上します。

| （借）　金利スワップ | (※)1,400 | （貸）　金利スワップ評価益 | (※)1,400 |

（※）　前提条件②参照。

Q7-8　デリバティブ取引以外の取引をヘッジ手段とすることの可否

Q	ヘッジ会計において，デリバティブ取引以外の取引をヘッジ手段とすることはできますか。
A	デリバティブ取引以外では，一部の限定された取引についてのみ，ヘッジ手段とすることが認められています。

解 説

　実務上，デリバティブ取引以外の現物資産についてもヘッジ手段として利用したいというニーズが存在します。しかしながら，広くヘッジ手段としての適格性を認めると，その評価基準が一様ではないため，多くの例外処理を認めることとなり，会計基準としての統一性を欠く結果となるおそれがあります。

　このため，ヘッジの効果を適切に財務諸表に反映するために，ヘッジ会計の適用が不可避と考えられる以下のいずれかの取引については，ヘッジ会計の適用を認めています（金融商品会計実務指針165，334）。

---

① 以下の外貨建取引等の為替変動リスクをヘッジする目的の外貨建金銭債権債務または外貨建有価証券
　イ）予定取引
　ロ）その他有価証券
　ハ）在外子会社等に対する投資への持分
　※ 例えば，外貨による固定資産購入（予定取引に該当する）に係る為替変動によるキャッシュ・フロー変動リスクに備えて，当該取引実行時までの外貨建社債または外貨建預金の保有がヘッジ手段として考えられる。
② 保有するその他有価証券の相場変動をヘッジする目的の信用取引（売付け）または有価証券の空売り

Q7-9 包括ヘッジ

Q	複数のヘッジ対象に対して，1つのヘッジ手段を用いてヘッジ会計を適用することはできますか。
A	ヘッジ会計は原則として，1つのヘッジ対象に対して1つのヘッジ手段を用いることとされています。一方で，特定の要件を満たす場合には，複数の資産・負債に対して，1つの取引をヘッジ手段として利用することが認められています。これを包括ヘッジといいます。

解 説

1．包括ヘッジとは

　ヘッジ対象が複数の資産・負債から構成されている場合に行うヘッジのことを，包括ヘッジといいます。金融商品会計基準注解（注11）では，ヘッジ対象が複数の資産・負債から構成されている場合には，個々の資産・負債が共通の相場変動等による損失の可能性にさらされており，かつ，その相場変動等に対して同様に反応することが予想されるものでなければならないとし，包括ヘッジの要件が規定されています。したがって，例えば金利変動に伴う時価変動が生じる点が共通していても，満期日が著しく相違することなどにより，金利変動に伴う時価変動の割合が一様でないような場合には，この要件を満たさないため，包括ヘッジを適用することができません。この判断にあたっては，個々の資産・負債の時価の変動割合またはキャッシュ・フローの変動割合が，ポートフォリオ全体の変動割合に対して，上下10％を目安にその範囲内にある場合に，リスクに対する反応がほぼ一様であるものと取り扱うこととされています。

　一方，複数銘柄による株式ポートフォリオの時価変動を株価指数先物取引などでヘッジしようとする場合には，個々の銘柄の株価が株価指数先物価格と同様に反応するとはいえないことから，一般的に株式ポートフォリオには包括ヘッジを適用できません（金融商品会計実務指針152）。

２．ヘッジ有効性の評価方法

　個別ヘッジの場合，ヘッジ対象とヘッジ手段が一対一の関係にあるため，ヘッジ対象とヘッジ手段の相場変動またはキャッシュ・フロー変動を直接結びつけてヘッジ有効性を判定することになります（金融商品会計実務指針143(2)）。これに対して，包括ヘッジの場合は，ヘッジ対象が複数であり，相場変動またはキャッシュ・フロー変動をヘッジ手段と個別に関連付けることが困難であることから，リスクの共通する資産・負債をグルーピングしたヘッジ対象とヘッジ手段との間に包括的な対応関係を認識して有効性評価を行うことになります。

３．ヘッジ手段に係る損益の配分

　包括ヘッジを適用する場合のヘッジ手段に係る損益または評価差額の配分は，各ヘッジ対象に対するヘッジの効果を反映する配分基準に基づいて行い，以下のような方法があります。なお，リスクに対する反応がほぼ一様という前提の下では，いずれの方法を採用しても大差ないものと考えられます。

- ヘッジ取引開始時または終了時における各ヘッジ対象の時価を基礎とする方法
- ヘッジ取引終了時における各ヘッジ対象の帳簿価額を基礎とする方法
- ヘッジ取引開始時からヘッジ取引終了時までの間における各ヘッジ対象の相場変動幅を基礎とする方法

設例7−9　包括ヘッジにおけるヘッジ手段に係る損益の配分

(前提条件)

① 　A社（3月決算）は，X1年2月1日に，その他有価証券として保有している債券30銘柄（帳簿価額合計240,000）の相場変動をヘッジするため，債券先物2,400単位（1単位当たり100）の売建取引を行った。

② 　X1年3月1日に，債券のうち1銘柄（帳簿価額36,000）を37,000で売却した。

③ 　債券および債券先物取引の時価の推移は，以下のとおり。

日付	債券先物の時価		保有債券全体の時価	売却債券の時価
	単価	合計額		
X1年2月1日	99.00	237,600	237,000	36,500
X1年3月1日	100.50	241,200	241,000	37,000
時価変動幅		+3,600	+4,000	+500

④ 税効果会計は考慮しないものとする。

⑤ 当該ヘッジ取引について，繰延ヘッジを適用する。

(会計処理)

1．ヘッジ有効性の判定

債券先物の時価変動幅+3,600（前提条件③）÷保有債券全体の時価+4,000（前提条件③）＝90%

∴ 有効性は高いと判定。

2．X1年3月1日

(a) ヘッジ手段の評価差額の繰延処理

（借）繰延ヘッジ損益 (※)3,600 （貸）債券先物 (※)3,600

（※）前提条件③参照。

(b) 債券売却時

（借）現金預金 (※1)37,000 （貸）その他有価証券 (※2)36,000
投資有価証券売却益 (※3)1,000

（※1）前提条件②参照。
（※2）前提条件②参照。
（※3）37,000（※1）－36,000（※2）＝1,000

(c) 売却した債券への繰延ヘッジ損益の配分（ヘッジ取引終了時の帳簿価額を基礎とする場合）

（借）投資有価証券売却益 (※)540 （貸）繰延ヘッジ損益 (※)540

（※）債券先物の時価変動幅3,600（前提条件③）×（売却債券の帳簿価額36,000（前提条件②）÷保有債券全体の帳簿価額240,000（前提条件①））＝540

なお，その他の配分基準による場合の損益の配分額は，以下のようになります。

（ⅰ）　ヘッジ取引開始時の時価を基礎とする場合

債券先物の時価変動幅3,600（前提条件③）×（売却債券の時価36,500（前提条件③）÷保有債券全体の時価237,000（前提条件③））＝554.43…

（ⅱ）　ヘッジ取引終了時の時価を基礎とする場合

債券先物の時価変動幅3,600（前提条件③）×（売却債券の時価37,000（前提条件③）÷保有債券全体の時価241,000（前提条件③））＝552.69…

（ⅲ）　ヘッジ取引開始時からヘッジ取引終了時までの間の相場変動幅を基礎とする場合

債券先物の時価変動幅3,600（前提条件③）×（売却債券の時価変動幅500（前提条件③）÷保有債券全体の時価変動幅4,000（前提条件③））＝450

Q7-10　満期保有目的の債券のヘッジ

Q 満期保有目的の債券をヘッジ対象とする場合の留意点について教えてください。

A 満期保有目的の債券は，原則として金利変動リスク（相場変動リスクまたはキャッシュ・フロー変動リスク）に関するヘッジ対象とすることはできません。ただし，債券取得の当初から金利スワップの特例処理の要件に該当する場合には，ヘッジ対象とすることができます。

解　説

　満期保有目的の債券は，満期まで保有することによる約定利息および元本の受取りを目的としており，時価が算定できるか否かにかかわらず，原則として償却原価法に基づいて算定された価額を貸借対照表価額とすることとしています（金融商品会計基準16）。このため，満期までの間の金利変動による価格変動リスクを認める必要がなく，金利変動リスクに関してヘッジする必要がありません。したがって，原則として満期保有目的の債券を金利変動リスクに関するヘッジ対象とすることは認められていません（金融商品会計実務指針325）。

　ただし，債券取得の当初から金利スワップの特例処理の要件に該当する場合には，ヘッジ対象とすることができます（金融商品会計実務指針161）。これは，満期保有目的の債券である固定利付債券（または変動利付債券）の購入当初から金利スワップにより金利変動リスクをヘッジする場合には，変動利付債券（または固定利付債券）を購入した場合と実質的に同じと考えられるため，金利スワップの特例処理の要件という一定の制限の下でヘッジ会計の適用を認めることとしたものです。したがって，ヘッジ会計を適用するためには，ほぼ満期日まで金利スワップが締結されていなければなりません。

　なお，債券の満期日の前に金利スワップを解約した場合には，変動金利の債券を固定金利のものと入れ替える取引またはその逆の取引と実質的に同様の結果となります。このため，満期保有目的の債券の売却があった場合と同様に，当該債券を含む満期保有目的の債券全体を他の保有目的区分に振り替えなけれ

ばなりません（金融商品会計実務指針161）。ただし，金利スワップの解約の理由が，取引相手先の信用状態の著しい悪化や法規制の改廃等のやむを得ないものである場合には，他の保有目的区分に振り替える必要はありません（金融商品会計実務指針325）。

Q7-11 為替変動リスクのヘッジ

Q	外貨建取引の為替変動リスクをヘッジするための会計処理の方法にはどのようなものがありますか。
A	外貨建取引の為替変動リスクをヘッジするために為替予約等を行った場合，金融商品会計基準に従って処理する方法のほか，為替予約等をヘッジ対象である外貨建金銭債権債務等に振り当てる方法（振当処理）による会計処理が認められています。

解 説

　決算日レートで換算される外貨建金銭債権および外貨建有価証券について，為替予約等（通貨オプション，通貨スワップ等を含む）により為替変動リスクのヘッジを行った場合，外貨建取引会計基準の規定により，以下のいずれかの方法で処理することとなります。

- デリバティブである為替予約等を金融商品会計基準に従って処理する。
- 為替予約等をヘッジ対象である外貨建金銭債権債務等に振り当てる（振当処理）。

1．金融商品会計基準に従って処理する方法

(1) 独立処理

　この方法は原則的な処理方法であり，ヘッジ手段とヘッジ対象にそれぞれ通常の会計処理を適用することにより，ヘッジ取引の効果が自動的に損益計算書に反映されます（独立処理）。すなわち，ヘッジ手段である為替予約等を金融商品会計基準に従って時価評価し，ヘッジ対象である外貨建金銭債権債務または外貨建有価証券を外貨建取引会計基準の原則により決算日レートで換算することにより，損益の計上時期が一致するということです。

　したがって，この処理を採用する場合にはヘッジ会計の対象外であり，ヘッジ会計の要件を満たすか否かの判定は必要ありません。

(2)　ヘッジ会計

為替ヘッジ取引にヘッジ会計を適用するには，ヘッジ会計の要件を満たす必要があります。その上で，①外貨建その他有価証券，②在外子会社等に対する持分への投資，③外貨建予定取引をヘッジ対象とする場合にも，ヘッジ会計の適用が認められます（金融商品会計実務指針168，169）。

①　外貨建その他有価証券

ヘッジ対象が外貨建その他有価証券であり，為替換算差額を純資産の部に直接計上している場合には，このままでは損益計算書におけるヘッジ手段とヘッジ対象から生ずる損益または評価差額の損益計算書への計上時期が一致しないため，ヘッジ会計が必要になります。この場合には，金融商品会計実務指針第160項に従って繰延ヘッジまたは時価ヘッジのいずれかを適用します。繰延ヘッジでは，ヘッジ手段である為替予約等の損益または評価差額を，繰延ヘッジ損益として繰り延べます。時価ヘッジでは，ヘッジ対象である外貨建その他有価証券の為替換算差額を，当期の損益に計上します。

②　在外子会社等に対する持分への投資
(i)　個別財務諸表上の会計処理

個別財務諸表においては，外貨建の子会社株式および関連会社株式は，取得時の為替相場で円換算され，為替差損益が当期の損益に計上されません。このため，ヘッジ会計の要件を満たしている場合，ヘッジ手段に係る損益または評価差額を繰延ヘッジ損益として繰り延べることができます。この場合のヘッジ手段として，デリバティブ以外に外貨建金銭債務を指定することもできます。

(ii)　連結財務諸表上の会計処理

外貨建取引会計基準注解（注13）においては，連結上，ヘッジ手段から生じた為替換算差額（評価差額）を，ヘッジ対象たる投資から生じた為替換算調整勘定と相殺する処理が認められています。

ただし，ヘッジ手段から発生する為替差額がヘッジ対象となる子会社に対する持分から発生する為替換算調整勘定を上回った場合には，当該超過額を当期

の損益として処理します。なお，税効果控除後の換算差額をもって為替換算調整勘定をヘッジする方法によっている場合には，税引後の換算差額と為替換算調整勘定とを比較して超過額を算定します。

③ 外貨建予定取引

　外貨による予定取引についての為替リスクのヘッジは，金融商品会計基準に従って処理し，ヘッジ会計の要件を満たす場合には，ヘッジ手段に係る損益または評価差額を繰延ヘッジ損益として繰り延べることとなります。

　ただし，将来の外貨建貸付・借入または外貨建有価証券（その他有価証券および子会社・関連会社株式を除きます）の取得のための為替変動によるキャッシュ・フローを固定する手段に係る損益または評価差額は，外貨建金銭債権債務または外貨建有価証券の換算差額と同様の性格と考えられます。このため，当該損益または評価差額は当期の損益に計上するものとし，ヘッジ会計の処理をすることはできません。

２．振当処理による方法

　振当処理を適用する場合には，ヘッジ対象を予約レートで換算し，ヘッジ手段とヘッジ対象の評価差額および換算差額を計上しない点で，独立処理と相違することになります。しかし，外貨建取引会計基準注解（注7）により，予約レートと直物レートの差額を期間按分することとされているため，一般的には，為替予約等を時価評価した場合との損益計算書上における重要な差異は生じないものと考えられます。

　なお，振当処理が認められるのは「当分の間」とされており，ヘッジ会計の要件を満たすことが適用の条件となっています。

Q7-12　連結会社間取引に係るヘッジ会計の適否

Q	連結会社間における取引に対して，ヘッジ会計を適用することはできますか。
A	連結会社間取引をヘッジ対象として個別財務諸表上，繰延処理されたヘッジ手段に係る損益または評価差額については，連結上，修正を行い，ヘッジ関係がなかったものとして当期の純損益に計上します。 ただし，連結会社間取引のうち，一定の場合においては，ヘッジ会計を適用することができます。

解 説

1．連結財務諸表における原則的な取扱い

　連結会社間取引をヘッジ対象として個別財務諸表において繰延処理されたヘッジ手段に係る評価差額等は，原則として，連結上修正を行い，ヘッジ関係がなかったものとみなして当期の純損益として処理します（金融商品会計実務指針163）。親会社または子会社の個別決算は，有効なヘッジ関係が存在していればヘッジ会計の適用が可能となりますが，連結では当該取引は内部取引として消去され，ヘッジ対象に係るリスクも存在しなくなるためです。

2．外貨建の予定取引

　連結会社間取引のうち，外貨建の適格な予定取引における為替変動リスクをヘッジする目的で保有するヘッジ手段については，ヘッジ会計を適用することができます。外貨建の予定取引の場合は，為替変動に係るリスクは内部取引の消去によっても引き続き存在することになるため，当該予定取引はヘッジ対象になり得るからです。この場合には，ヘッジ会計の中止または終了に該当することとならない限り，ヘッジ手段に係る損益または評価差額を取引実行まで繰り延べることとなります。

3．連結上もヘッジ指定を行った場合の取扱い

　連結上消去される連結会社間取引が，一方の会社が外部に対して有する特定の資産・負債のリスクを相殺するものとして紐付け関係が認められる場合には，他方の会社の個別財務諸表において連結会社間取引のヘッジに指定されているヘッジ手段を，連結決算上，外部取引に係るヘッジとしてあらかじめ指定することができます。この取扱いは，外部取引と内部取引の個別対応が明確である場合に限られます。

　また，連結会社間で行っているデリバティブ取引が，個別財務諸表上でヘッジ手段として指定されている場合，連結上は当該デリバティブ取引を消去し，ヘッジ関係がなかったものとして処理します。

　ただし，一方の会社が外部と行っているデリバティブ取引が，連結会社間のデリバティブ取引と個別対応するものである場合には，前記と同様にその外部とのデリバティブ取引を連結上のヘッジ手段としてあらかじめ指定することができます。

　例えば，親会社が子会社に対してドル建てで貸付けを行っており，親会社は当該貸付金の為替変動リスクを回避するために，外部の金融機関と通貨スワップ契約を締結し，親会社の個別財務諸表上，振当処理を適用しています。また，子会社は外部の取引先に対して親会社からの借入れと全く同じ条件で貸付けを行っているとします（図表7-3）。この場合において，親会社の子会社に対する貸付けは，連結上消去されることになるものの，ヘッジ手段である通貨スワップは，子会社の外部に対する貸付金の為替変動リスクをヘッジしているのと実質的に同じです。このため，連結上，あらかじめヘッジ指定を行うことで，ヘッジ会計を適用することが可能となります。

図表7-3	連結上の一方の会社が外部と行っているデリバティブ取引が，連結会社間のデリバティブ取引と個別対応するものである場合の例

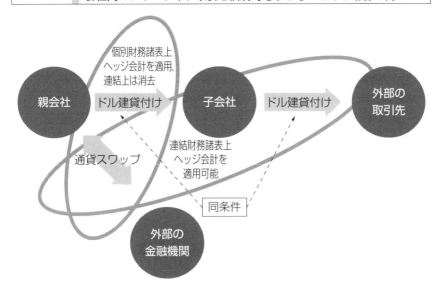

Q7-13 オプションの時間的価値およびプレミアム・ディスカウントの処理

Q	オプション取引をヘッジ手段としてヘッジ会計を適用している場合，オプションの時間的価値に係る変動部分はどのように処理しますか。また，先渡契約に係るプレミアム・ディスカウントの変動部分はどのように処理しますか。
A	ヘッジ手段として用いられるオプションの時間的価値および先渡契約に係るプレミアム・ディスカウント（以下「時間的価値等」といいます）については，以下のいずれかの方法によって処理します。 • ヘッジ手段の時価変動のうち時間的価値等の変動を除いた部分（本源的価値の変動）のみを繰延処理の対象とし，時間的価値等の変動をただちに損益計算書に計上する方法 • 時間的価値等を含めたヘッジ手段の時価変動の全体を繰延処理の対象とする方法

解 説

1. 時間的価値等の会計処理

　通常，ヘッジ対象の相場変動またはキャッシュ・フロー変動は，元となる金融商品（基礎商品）の直物価格の変動によるものであり，ヘッジ手段として使用されるデリバティブの時価変動のうち，時間的価値等の変動を除いた部分（本源的価値の変動）と対応します。したがって，理論的には，時間的価値等の変動を除外したところで有効性判定を行い，時間的価値等の変動については繰延処理の対象とせずにただちに損益計算書に計上することが，より合理的とも考えられます。一方で，以下の点を考慮して，時間的価値等を一括して処理することも認められています（金融商品会計実務指針171，339）。

• 常に区分処理を要求することは，実務的に煩雑となる場合がある。
• オプション取引および先渡取引が最も多く利用される外貨建金銭債権債務のヘッジについては，ヘッジ手段の評価差額を損益に計上する方法または振当処理が適用されるため，いずれにしても繰延処理の対象とはならない。

> ● 予定取引のヘッジについては，ヘッジ取引のコストたる時間的価値等の変動を
> 予定取引に対応させて認識することにも一定の合理性を認め得ると考えられる。

　時間的価値等を区分処理する場合において，時間的価値等の部分の時価評価を行わずに，一定の方法で規則的に償却した金額を貸借対照表価額とする考え方もあります。しかし，金融商品会計基準では，デリバティブは時価をもって貸借対照表価額とすることが定められており，繰延ヘッジ会計はヘッジ手段に係る損益または評価差額の処理の例外規定であって測定に関する例外規定ではないと解されるため，ヘッジ手段の貸借対照表価額は時価によるべきと考えられます。

２．ヘッジ有効性の評価に関する時間的価値等の取扱い

　ヘッジ有効性の評価に関しては，時間的価値等の区分処理を行うか否かにかかわらず，時間的価値等の変動を除外して判定することができます。ただし，時間的価値等の変動を含めたデリバティブ全体の価値変動をヘッジ対象の相場変動と対応させるようなヘッジ手法（デルタ・ヘッジ）を採用している場合には，時間的価値等の変動を除外せずに判定します。

Q7-14 税効果会計上の留意点

Q	ヘッジ会計を適用する際の，税効果会計上の留意点について教えてください。
A	ヘッジ会計の適用において，純資産に計上される繰延ヘッジ損益については，税効果会計を適用し，繰延税金資産または繰延税金負債を控除した金額で計上します。 繰延ヘッジ損益に係る繰延税金資産については，回収可能性適用指針における（分類１）および（分類２）ならびに（分類３）に該当する企業において回収可能性があるものとされています。

解 説

1．ヘッジ会計における税効果会計の適用

　ヘッジ会計の適用にあたり，純資産の部に計上される繰延ヘッジ損益については，税効果会計を適用し，繰延税金資産または繰延税金負債を控除した金額で計上します（金融商品会計基準32，金融商品会計実務指針174）。

2．繰延ヘッジ損益に係る一時差異の回収可能性

　繰延ヘッジ損益に係る一時差異は，繰延ヘッジ損失と繰延ヘッジ利益に区分し，繰延ヘッジ損失に係る将来減算一時差異については，回収可能性適用指針第6項に従って，(1)収益力に基づく一時差異等加減算前課税所得，(2)タックス・プランニングに基づく一時差異等加減算前課税所得，(3)将来加算一時差異を考慮して将来減算一時差異に係る繰延税金資産の回収可能性を判断した上で繰延税金資産を計上し，繰延ヘッジ利益に係る将来加算一時差異については繰延税金負債を計上します。

　なお，繰延ヘッジ損失に係る将来減算一時差異に関する繰延税金資産は，回収可能性適用指針第15項から第32項に従って判断した分類に応じて，（分類1）および（分類2）[2]ならびに（分類3）[3]に該当する企業において，回収可能性があるものとされています（回収可能性適用指針46）。

　一方，（分類4）に該当する企業については，回収可能性適用指針第46項のような定めはありません。このため，翌期の一時差異等加減算前課税所得の見積額に基づいて，翌期における繰延ヘッジ損失を含むすべての一時差異等のスケジューリングを行い，繰延税金資産を見積ることとなります（回収可能性適用指針27）。

　また，（分類5）の企業においては，原則として，繰延税金資産の回収可能性はないものとされるため，繰延ヘッジ損失に係る繰延税金資産を計上することはできないと考えられます（回収可能性適用指針31）。

2　回収可能性適用指針第28項により（分類2）に該当するものとして取り扱われる企業を含みます。

3　回収可能性適用指針第29項により（分類3）に該当するものとして取り扱われる企業を含みます。

Q7-15 ヘッジ会計の開示

Q 有価証券報告書におけるヘッジ会計の開示にあたっての留意点を教えてください。

A 繰延ヘッジを採用している場合，ヘッジ対象の損益認識時に繰延ヘッジ損益を純損益に計上し，原則としてヘッジ対象の損益区分と同一区分で表示します。また，貸借対照表上，ヘッジ手段として用いられるデリバティブ取引により発生する正味の債権・債務は，重要性に応じてその内容を示す名称を付した科目で貸借対照表に表示し，流動固定分類に基づいて表示します。
さらに，注記事項として「重要な会計方針」，「金融商品に関する注記」，「デリバティブに関する注記」が求められます。

解 説

1．損益計算書上の表示

　繰延ヘッジを採用している場合，ヘッジ対象の損益認識時に繰延ヘッジ損益を純損益に計上する際には，原則としてヘッジ対象の損益区分と同一区分で表示します（金融商品会計実務指針176）。例えば，図表7-4のように，ヘッジ対象が商品であれば売上原価，株式であれば有価証券売却損益，利付資産・負債であれば利息の調整として損益に戻入処理します。ただし，為替リスクのヘッジによるヘッジ損益については，為替差損益として処理することができます。

図表7-4　繰延ヘッジにおける純損益計上区分

ヘッジ対象（例）	ヘッジ手段
商品（売上）	売上原価
有価証券（（投資）有価証券売却損益）	（投資）有価証券売却損益
貸付金（受取利息）	受取利息

借入金（支払利息）	支払利息
純損益がただちに発生する予定取引	ヘッジ対象取引に係る損益科目（売上高，支払利息など）。ただし，為替変動リスクのヘッジによる損益については，為替差損益とすることができる。

2．貸借対照表上の表示

(1) デリバティブ取引の区分表示

　貸借対照表上，ヘッジ手段として用いられるデリバティブ取引により発生する正味の債権・債務は，流動固定分類に基づいて区分表示します。具体的には，1年以内に決済期限が到来しないデリバティブ取引については，固定資産（投資その他の資産）または固定負債に計上し，それ以外のデリバティブ取引については流動資産または流動負債に計上します。

　また，デリバティブ取引により発生する正味の債権または債務で，それぞれの合計額が資産の総額または負債および純資産の合計額の5％を超える場合には，当該デリバティブ取引の内容を示す名称を付した科目により独立掲記する必要があります（財規ガイドライン19の5，50の4）。

(2) 相殺表示

　貸借対照表上，金融資産と金融負債は原則として総額で表示することになりますが，以下のすべての要件を満たす場合には相殺して表示できます（金融商品会計実務指針140）。

> ● 同一の相手先に対する金銭債権と金銭債務であること。
> ● 相殺が法的に有効で，企業が相殺する能力を有すること。
> ● 企業が相殺して決済する意思を有すること。

　ただし，同一相手先とのデリバティブ取引の時価評価による金融資産と金融負債については，法的に有効なマスターネッティング契約（1つの契約について債務不履行等の一括清算事由が発生した場合に，契約の対象となるすべての取引について，単一通貨の純額で決済することとする契約）を有する場合には，

その適用範囲で相殺可能とするとされています。相殺して表示する場合には，毎期継続して適用する必要があります。

３．有価証券報告書上の注記事項

(1) 重要な会計方針

　財務諸表等規則第８条の２において，重要性が乏しい場合を除いてヘッジ会計の方法を注記する必要があります。具体的には，「ヘッジ会計の方法」に加え，「ヘッジ手段とヘッジ対象」，「ヘッジ方針」，「ヘッジ有効性評価の方法」といった，ヘッジ会計に係るリスク管理方針についても概括的に記載する必要があります（財規ガイドライン８の２−８，図表７−５参照）。

図表７−５　　重要な会計方針の注記事例

重要なヘッジ会計の方法
① ヘッジ会計の方法
　　主に繰延ヘッジ処理によっております。また，為替変動リスクのヘッジについて振当処理の要件を満たしている場合には振当処理によっております。
② ヘッジ手段とヘッジ対象
　(イ) ヘッジ手段…為替予約
　　　 ヘッジ対象…外貨建取引
　(ロ) ヘッジ手段…金利スワップ
　　　 ヘッジ対象…借入金
③ ヘッジ方針
　　当社社内規程に基づき，為替変動リスクおよび金利変動リスクをヘッジしております。
④ ヘッジ有効性評価の方法
　　為替予約取引に対しては，為替予約とヘッジ対象取引との通貨単位，取引金額および決済日等の同一性について，社内管理資料に基づき有効性評価を行っています。
　　金利スワップ取引に対しては，ヘッジ手段とヘッジ対象に関する重要な条件が同一であるため，有効性の判定は省略しております。

(2) 金融商品に関する注記

　金融商品に関する注記には，重要性の乏しい場合を除き，「金融商品の状況

に関する事項」および「金融商品の時価に関する事項」を記載します（詳細は
「第10章　金融商品の時価等の開示」参照）。

⑶　デリバティブに関する注記

　デリバティブ取引に重要性がない場合を除き，デリバティブ取引の種類ごと
に①契約額または元本相当額，②時価および時価の算定方法について，それぞ
れヘッジ会計が適用されているものとヘッジ会計が適用されていないものに区
分して記載し，ヘッジ会計が適用されていないものについては，加えて貸借対
照表日における評価損益を注記します。

【ヘッジ会計が適用されているもの】
- 貸借対照表日における契約額または契約において定められた元本相当額
- 貸借対照表日における時価および当該時価の算定方法

【ヘッジ会計が適用されていないもの】
- 貸借対照表日における契約額または契約において定められた元本相当額
- 貸借対照表日における時価および当該時価の算定方法
- 貸借対照表日における評価損益

　なお，金利スワップの特例処理および為替予約等の振当処理については，
ヘッジ対象と一体として，当該ヘッジ対象の時価に含めて注記することができ
ます。

第 8 章

複合金融商品

Point

- 複合金融商品には払込資本を増加させる可能性のある部分を含む複合金融商品とその他の複合金融商品（払込資本を増加させる可能性のある部分を含まない複合金融商品）があり，それぞれに異なる会計処理方法が定められています。
- 複合金融商品に組み込まれたデリバティブは，要件を満たした場合，組込対象である金融資産または金融負債とは区分して会計処理を行う必要があります。

Q8-1 複合金融商品の定義

Q	複合金融商品とは何ですか。
A	新株予約権付社債などの複数の金融商品を組み合わせて組成される金融商品をいいます。

解 説

　デリバティブが内在している貸出金・預金，仕組債，新株予約権付社債など，複数の金融商品が組み合わさって組成されている金融商品を複合金融商品といいます。

　複合金融商品の会計処理については，組み合わさっている複数の金融商品をそれぞれ区分して処理する方法（区分法）と区分せずに一体として処理する方法（一括法）が考えられます。

　企業会計基準適用指針では，以下のように区別して，それぞれに異なる処理方法を定めています。

　① 払込資本を増加させる可能性のある部分を含む複合金融商品

　② その他の複合金融商品（払込資本を増加させる可能性のある部分を含まない複合金融商品）

Q8-2 払込資本を増加させる可能性のある部分を含む場合と含まない場合

Q	複合金融商品について，払込資本を増加させる可能性のある部分を含む場合と含まない場合とでは，会計処理にどのような違いがありますか。
A	払込資本を増加させる可能性のある部分を含む金融商品については，原則として，払込資本を増加させる可能性のある部分の価値とそれ以外の部分の価値を区分する方法（区分法）により処理します。一方で，その他の複合金融商品は原則として一括法により処理します。

解 説

　払込資本を増加させる可能性がある部分を含む複合金融商品の代表例として新株予約権付社債が挙げられます。

　新株予約権付社債とは，株式を一定の条件で取得するための権利である新株予約権を付与された社債ですが，新株予約権と社債という複数の金融商品から組成されている複合金融商品です。新株予約権付社債の保有者が権利行使して新株が発行されると，発行企業の払込資本が増加するため，新株予約権付社債は払込資本を増加させる可能性がある部分を含む複合金融商品といえます。払込資本を増加させる可能性のある部分を含む複合金融商品については，払込資本を増加させる可能性のある部分の価値とそれ以外の部分の価値を分けて認識できるのであれば，会計上も別個に認識することが合理的であることから，両者を区分する方法（区分法）が原則的取扱いとなっています。しかし，中には転換社債型新株予約権付社債のように，新株予約権と社債とがそれぞれ単独で存在し得ないような商品もあり，この場合には，払込資本を増加させる可能性のある部分とそれ以外を区分して処理する必要性が乏しいことから，発行者側については区分法と一括法の選択適用が，取得者側については一括法が認められています。

　一方，その他の複合金融商品（払込資本を増加させる可能性のある部分を含まない複合金融商品）としては，金利オプション付借入金のように現物の資産・負債とデリバティブ取引が組み合わされたものやゼロ・コスト・オプショ

ンのように複数のデリバティブ取引が組み合わされたものなどがあります。このような複合金融商品については，構成要素である金融資産・金融負債が，それぞれ独立して存在し得るものの，キャッシュ・フローはこれらの正味で発生することから，原則として一括法により処理します。

Q8-3 払込資本を増加させる可能性のある部分を含む複合金融商品の会計処理

Q	払込資本を増加させる可能性のある部分を含む複合金融商品については，どのように会計処理しますか。
A	転換社債型新株予約権付社債については区分法と一括法の両方の処理が認められていますが，その他の新株予約権付社債については区分法により処理します。

解説

1．転換社債型新株予約権付社債，2．転換社債型新株予約権付社債以外の新株予約権付社債（その他の新株予約権付社債）に分けて，発行者側の会計処理を説明します。

1．転換社債型新株予約権付社債

転換社債型新株予約権付社債とは，募集事項において，①社債と新株予約権がそれぞれ単独で存在し得ないこと，②新株予約権が付された社債を当該新株予約権行使時における出資の目的とすることをあらかじめ明確にしている新株予約権付社債であって，会社法の規定に基づき発行されたものをいいます。このような転換社債型新株予約権付社債は，かつての転換社債と経済的実質が同一であり，それぞれの部分を区分して処理する必要性は乏しいと考えられるため，一括法による処理が認められています。

一括法で処理した場合，発行者は，新株発行時には転換社債型新株予約権付社債の帳簿価額を資本金・資本準備金に振り替えます。自己株式を処分した場合には転換社債型新株予約権付社債の帳簿価額を自己株式の処分対価として，自己株式処分差額を算出します。

一方，区分法で処理した場合，新株発行時には，社債対価部分と新株予約権対価部分の合計額を資本金・資本準備金に振り替えます。自己株式を処分した場合には，転換社債型新株予約権付社債における社債の対価部分と新株予約権の対価部分の合計額を自己株式の処分対価として，自己株式処分差額を算出し

ます。

2．その他の新株予約権付社債

　その他の新株予約権付社債については区分法で処理します。これは，かつての新株引受権付社債の会計処理について，分離型あるいは非分離型を区別することなく，区分法を適用していたことと整合しています。

ここ注意！ ▶ **区分法による会計処理と権利失効時の会計処理**

　その他の新株予約権付社債の発行に伴う払込金額は，社債の対価部分と新株予約権の対価部分とに区分し，社債の対価部分は普通社債の発行に準じて処理するとともに，新株予約権の対価部分は純資産の部に計上し，権利行使により新株を発行したときは資本金または資本金および資本準備金に振り替え，権利が行使されずに権利行使期間が満了して新株予約権が失効したときには当該失効部分に対応する額を利益計上します。

設例 8 - 1 転換社債型新株予約権付社債の処理

（前提条件）

　当社は以下の条件で，転換社債型新株予約権付社債を発行した。

- 額面：100,000千円
- 払込金額：98,000千円（うち，新株予約権の対価部分3,000千円）
- 償還期間：5 年
- 定額法による償却原価法を実施する。

（会計処理（一括法））（単位：千円）

＜発行時＞

（借）現　金　預　金	98,000	（貸）社　　　　　債	98,000

＜決算日＞

（借）社　債　利　息	400	（貸）社　　　　　債	400

※ （100,000（額面）－98,000（発行価額））／5 年＝400

＜新株予約権行使時＞

（借）	社　　　　債	98,400	（貸）	資　本　金	98,400

　権利行使によって増加する資本金の額は，行使時点の転換社債型新株予約権付社債の帳簿価額（償却原価）です。

（会計処理（区分法））（単位：千円）

＜発行時＞

（借）	現　金　預　金	98,000	（貸）	社　　　　債	95,000
				新　株　予　約　権	3,000

＜決算日＞

（借）	社　債　利　息	1,000	（貸）	社　　　　債	1,000

※（100,000（額面）－95,000（発行価額））／5年＝1,000

＜新株予約権行使時＞

（借）	社　　　　債	96,000	（貸）	資　本　金	99,000
	新　株　予　約　権	3,000			

　社債の対価部分（償却原価による帳簿価額）と新株予約権の対価部分（帳簿価額）の合計額を資本金または資本金および資本準備金に振り替えます。

（取得者側の会計処理（一括法）（参考））（単位：千円）

＜発行時＞

（借）	社債（有価証券）	98,000	（貸）	現　金　預　金	98,000

＜決算日＞

（借）	社債（有価証券）	400	（貸）	有　価　証　券　利　息	400

※（100,000（額面）－98,000（発行価額））／5年＝400

＜新株予約権行使時＞

（借）	株　　　　式	98,400	（貸）	社債（有価証券）	98,400

Q8-4 その他の複合金融商品（払込資本を増加させる可能性のある部分を含まない複合金融商品）の会計処理

Q	その他の複合金融商品（払込資本を増加させる可能性のある部分を含まない複合金融商品）の会計処理は，どのように行えばよいでしょうか。
A	原則として，複合金融商品を構成する個々の金融資産または金融負債とに区分せず，一体として処理します。

解 説

　Q8-2で解説したように，払込資本を増加させる可能性のある部分を含まない複合金融商品は，原則として，それを構成する個々の金融資産または金融負債とに区分せず一体として処理します。ただし，以下のすべての要件を満たした場合には，デリバティブ部分を，組込対象である金融資産・金融負債とは区分して時価評価し，評価差額を当期の損益として処理することになります。

【要件①】
　組込デリバティブのリスクが現物の金融資産・金融負債に及ぶ可能性があること
【要件②】
　組込デリバティブと同一条件の独立したデリバティブが，デリバティブの特徴を満たすこと
【要件③】
　当該複合金融商品について，時価の変動による評価差額が当期の損益に反映されていないこと

　例えば，組込デリバティブのリスクによって現物の金融資産の当初元本が減少したり，金融負債の当初元本が増加する可能性がある場合や，金融負債の金利が契約当初の市場金利の2倍以上になる可能性がある場合には，要件①を満たすことになります。

設例 8-2　損益調整型複合金融商品の会計処理

前提条件

- X1年4月1日に額面1,000百万円の仕組債を購入した。
- 利息の受取りは1年目が0％，2年目が8％。
- 満期日はX3年3月31日で，額面で償還される。
- 当該仕組債は利率が2％の債券に金利スワップ（金利支払は2％固定，金利受取は1年目0％，2年目8％）が組み込まれたものであることが判明している。
- X2年3月31日における金利スワップを除外した債券の時価は1,000百万円，金利スワップの時価は40百万円。
- X3年3月31日に8％分の利息を受け取るとともに，有価証券は額面で償還された。

会計処理

＜X1年4月1日＞

（借）有　価　証　券	1,000	（貸）現　金　預　金	1,000

＜X2年3月31日＞

（借）デリバティブ資産 （金利スワップ）	40	（貸）デリバティブ収益	40

＜X3年3月31日＞

（借）現　金　預　金	1,000	（貸）有　価　証　券	1,000
（借）現　金　預　金	80	（貸）有価証券利息	80
（借）デリバティブ収益	40	（貸）デリバティブ資産 （金利スワップ）	40

第9章

金融商品の時価の算定

Point

- 時価算定会計基準等が令和元年7月に公表され，時価が定義されました。
- 時価は，評価技法とインプットを用いて算定されます。

Q9-1 時価の定義

Q	時価とはどのようなものでしょうか。
A	時価とは，算定日において市場参加者間で秩序ある取引が行われると想定した場合の，当該取引における資産の売却によって受け取る価格または負債の移転のために支払う価格であると定義されています。

解 説

　令和元年7月に企業会計基準委員会より公表された時価算定会計基準および時価算定適用指針（以下「時価算定会計基準等」といいます）では，時価の基本的な考え方として，以下の4つを示したうえで，算定日において市場参加者間で秩序ある取引が行われると想定した場合の，当該取引における資産の売却によって受け取る価格または負債の移転のために支払う価格として時価を定義しました。

> ① 時価の算定は，市場を基礎としたものであり，対象となる企業に固有のものではない。
> ② 時価は直接観察可能であるかどうかにかかわらず，算定日における市場参加者間の秩序ある取引が行われると想定した場合の出口価格（資産の売却によって受け取る価格または負債の移転のために支払う価格）であり，入口価格（交換取引において資産を取得するために支払った価格または負債を引き受けるために受け取った価格）ではない。
> ③ 同一の資産または負債の価格が観察できない場合に用いる評価技法には，関連性のある観察可能なインプットを最大限利用し，観察できないインプットの利用を最小限にする。
> ④ 時価を算定するにあたっては，市場参加者が資産または負債の時価を算定する際の仮定を用いるが，資産の保有や負債の決済または履行に関する企業の意図は反映しない。

　時価算定会計基準等が公表されるまでは，金融商品会計基準等において，公正価値に相当する時価（公正な評価額）の算定が求められていましたが，その算定方法に関する詳細なガイダンスは定められていませんでした。一方，国際

会計基準審議会（IASB）や米国財務会計基準審議会（FASB）は，公正価値
測定について詳細なガイダンスを定めており，これがほぼ同じ内容であること
から，国際的な比較可能性を確保するために，時価算定会計基準等が公表され
ました。なお，IFRSでは「公正価値」という用語が用いられていますが，時
価算定会計基準等では，我が国における他の関連諸法規において広く用いられ
ていること等に配慮し「時価」という用語が用いられています。

　時価算定会計基準等の公表により，一定期間の平均によって算出した価額は
時価の定義を満たさなくなりました。このため，その他有価証券の決算時の時
価として，期末前1か月の市場価格の平均に基づいて算定された価額を用いる
ことはできなくなります。

　ただし，その他有価証券について，「著しく下落した」ときを判断するにあ
たっての，時価が取得原価に比べ50％程度以上下落したかどうか，および時価
の下落率が概ね30％未満であるかどうかの検討に際しては，従来どおり，期末
前1か月の市場価格の平均に基づいて算定された価額を用いることができます。
この取扱いは，①時価算定会計基準等の公表が，時価の算定方法を変更するも
のであり，減損を行うか否かの判断基準を変更するものではないこと，②減損
の判断が合理的な範囲で幅のある定めとなっていることが理由とされています。
このため，「著しく下落した」と判断し，減損損失を算定する際には期末日の
時価を用いることになります。

Q9-2 時価の算定方法

Q	時価はどのように算定すればよいですか。
A	時価は，評価技法とインプットを用いて算定されます。

解 説

　時価とは，算定日において市場参加者間で秩序ある取引が行われると想定した場合の，当該取引における資産の売却によって受け取る価格または負債の移転のために支払う価格をいいます。

　時価は，評価技法とインプットを用いて算定されます。

1．評価技法

　時価の算定に際しては，その状況に応じて十分なデータが利用できる評価技法を用います。評価技法には，例えば以下の3つのアプローチがあり，毎期継続して適用します。時価の算定にあたっては，複数の評価技法を用いることができ，その場合，複数の評価技法に基づく結果を踏まえた合理的な範囲を考慮して，時価を最もよく表す結果を採用します。

⑴　マーケット・アプローチ

　マーケット・アプローチとは，同一または類似の資産・負債に関する市場取引による価格等のインプットを用いる評価技法をいい，倍率法や主に債券の時価算定に用いられるマトリックス・プライシングが含まれます。

⑵　インカム・アプローチ

　インカム・アプローチとは，利益やキャッシュ・フロー等の将来の金額に関する現在の市場の期待を割引現在価値で示す評価技法をいい，現在価値技法やオプション価格モデル（ブラック・ショールズ・モデルや二項モデルなど）が含まれます。

⑶　コスト・アプローチ

　コスト・アプローチとは，資産の用役能力を再調達するために現在必要な金額に基づく評価技法をいいます。

2．インプット

　インプットとは，市場参加者が資産・負債の時価を算定する際に用いる仮定のことです。インプットには，観察可能なインプット（入手できる観察可能な市場データに基づくインプット）と観察できないインプット（観察可能な市場データではないが，入手できる最良の情報に基づくインプット）があります。時価算定会計基準等において，時価の算定にあたっては，関連性のある観察可能なインプットを最大限利用し，観察できないインプットの利用を最小限にするという考え方が採用されています。具体的には，インプットを以下のように3つのレベルに分けたうえで，時価の算定にあたって使用する優先順位が設けられ，レベル1のインプットから優先的に使用することになります。

レベル1のインプット	時価の算定日において，企業が入手できる活発な市場における同一の資産または負債に関する相場価格であり調整されていないもの
レベル2のインプット	資産または負債について直接または間接的に観察可能なインプットのうち，レベル1のインプット以外のインプット
レベル3のインプット	資産または負債について観察できないインプット

　そして，時価の算定にあたって使用したインプットについて，重要な影響を与えるインプットがどのレベルに属しているかによって，レベル1の時価，レベル2の時価，レベル3の時価の3つに分類します。

　なお，負債または払込資本を増加させる金融商品については，時価の算定日に市場参加者に移転されるものと仮定して，時価を算定します。つまり，負債の時価の算定にあたっては，負債の不履行リスク（企業が債務を履行しないリスクであり，企業自身の信用リスクに限らない）の影響を反映します。その際，負債の不履行リスクは，当該負債の移転の前後で同一であると仮定します。

Q9-3 第三者から入手した相場価格

Q	ブローカー等の第三者から入手した相場価格を時価とすることはできますか。
A	原則として，会計基準に従って算定されたものであると判断できる場合には，当該価格を時価の算定に用いることができます。

解 説

　取引相手の金融機関，ブローカー，情報ベンダー等，第三者から入手した相場価格については，それが会計基準に従って算定されたものであると判断できる場合には，当該価格を時価の算定に用いることができます。

　また，銀行・保険会社・証券会社・ノンバンクといった総資産の大部分が金融資産を占め，かつ総負債の大部分を金融負債および保険契約から生じる負債が占める企業集団等以外については，実務上の費用対効果を考慮し，時価の算定の不確実性が相当程度低いと判断される特定のデリバティブ取引については，第三者から適用された価格を時価とみなすことができるものとされています。具体的には，第三者が客観的に信頼性のある者で企業集団等から独立した者であり，公表されているインプットの契約時からの推移と入手した相場価格との間に明らかな不整合はないと認められる場合で，かつ，レベル2の時価に属すると判断されるときには，以下のデリバティブ取引については，当該第三者から入手した相場価格を時価とみなすことができます。

① インプットである金利がその全期間にわたって一般に公表されており観察可能である同一通貨の固定金利と変動金利を交換する金利スワップ（いわゆるプレイン・バニラ・スワップ）

② インプットである所定の通貨の先物為替相場がその全期間にわたって一般に公表されており観察可能である為替予約

ここ注意！ 第三者から入手した相場価格の利用

　ブローカー等の第三者から入手した相場価格が会計基準に従って算定されたものと判断するにあたっては，例えば，第三者から入手した価格と企業が計算した推定値との比較検討や，他の第三者から入手した価格との比較検討，第三者による時価算定の過程において会計基準に従った算定がなされているかの確認，類似銘柄の価格との比較，価格の時系列推移の分析等が考えられます（時価算定適用指針43項）。

　ただし，これらの手続は例示であり，金融商品の特性，その規模やリスク，財務諸表全体に占める重要性により，各企業において必要な手続を考慮することになります。

Q9-4 取引の数量または頻度が著しく低下している場合の時価

Q	時価評価の対象である資産・負債の取引の数量や頻度が著しく低下した場合，従来の時価を継続して適用できますか。
A	取引価格または相場価格が時価を表しているかどうかを評価し，一定の場合には当該取引価格または相場価格の調整を行います。

解 説

　まず，時価評価の対象である資産・負債の取引の数量や頻度が，当該資産・負債の通常の市場の取引数量・頻度と比べて著しく低下しているかどうかについては，入手できる情報に基づき，例えば以下の要因の重要性と関連性を評価して，判断します。

- 直近の取引が少ない
- 相場価格が現在の情報に基づいていない
- 相場価格が時期または市場参加者間で著しく異なっている
- これまで資産・負債の時価と高い相関があった指標が相関しなくなった
- 企業の将来キャッシュ・フローの見積りと比較して，相場価格に織り込まれている流動性リスク・プレミアム等が著しく増加している
- 買い気配と売り気配の幅が著しく拡大している
- 同一または類似の資産・負債についての新規発行市場における取引の活動が著しく低下しているか，市場がない
- 公表されている情報がほとんどない

　評価の結果，取引価格または相場価格が時価を表していないと判断した場合で，当該取引価格または相場価格を，時価を算定する基礎として用いる場合には，市場参加者が資産・負債のキャッシュ・フローにおける固有の不確実性に対する対価として求めるリスク・プレミアムの調整を行い，時価を算定する基礎として用います。具体的には，取引が秩序ある取引かどうかに応じて，以下のとおり時価の算定またはリスクに関する調整を行います。

　① 秩序ある取引でないケース

　　取引価格は他の入手できるインプットほどには考慮しません。

② 秩序ある取引であるケース

取引価格を考慮するものの，その考慮する程度は，例えば，以下の状況により異なります。

- 取引の数量
- 取引を時価の算定対象となる資産・負債に当てはめることが適切かどうか
- 取引が時価の算定日に近い時点で行われたかどうか

③ 秩序ある取引であるかどうかを判断するために十分な情報を入手できないケース

取引価格が時価を表さない可能性を踏まえたうえで，取引価格を考慮します。

なお，秩序ある取引ではないことを示す状況としては，例えば以下が考えられます。

(a) 現在の市場環境の下で，当該取引に関して通常かつ慣習的な市場における活動ができるように，時価の算定日以前の一定期間について取引が市場に十分さらされていない

(b) 通常かつ慣習的な市場における活動の期間はあったが，売手が1人の買手としか交渉していない

(c) 売手が破綻または破綻寸前である

(d) 売手が規制上または法的な要請から売却せざるを得ない

(e) 直近の同一または類似の取引と比較して，取引価格が異常値である

第10章

金融商品の時価等の開示

Point

- 原則として，金融商品会計基準等が適用されるすべての金融商品について時価の開示が要求されます。

Q10-1 金融商品の時価等の開示の範囲

Q	時価開示の対象となる金融商品の範囲を教えてください。
A	原則として，金融商品会計基準等が適用されるすべての金融商品について時価等の開示が要求されます。

解 説

　平成20年に「金融商品の時価等の開示に関する適用指針（企業会計基準適用指針第19号）」が公表・適用されるまでは，金融商品の中でも，有価証券・デリバティブ取引についてのみ，時価等が開示されていました。しかし，金融取引をめぐる環境変化のスピードが速まり，情報を開示するニーズが拡大していること等を踏まえて同適用指針が公表・適用されることになり，有価証券・デリバティブ以外の金融商品についても，その状況やその時価等に関する事項を開示し，開示内容の充実が図られることとなりました。同適用指針が適用されている現在では，金融商品会計基準等が適用されるすべての金融商品について時価等の開示が求められ，従来から開示されていた有価証券やデリバティブ取引に加えて，貸付金・借入金等の金銭債権債務を含む金融商品全体が開示の対象となります。ただし，金融商品会計基準等の適用外である保険契約，退職給付債務や，新株予約権など純資産の部に計上されることとなるものは開示の対象外となります。

　また，重要性が乏しいものについては開示を省略することができます。

Q10-2 注記事項

Q	金融商品の時価等の開示について，注記事項に含まれる項目にはどのようなものがありますか。
A	金融商品の状況に関する事項，金融商品の時価等に関する事項および金融商品の時価のレベルごとの内訳等に関する事項を注記します。

解 説

　以下のような項目の注記が必要ですが，重要性が乏しい場合は省略することができます。また，連結財務諸表において注記している場合は，個別財務諸表で注記する必要はありません。なお，開示例は，時価開示適用指針 参考（開示例）を参照してください。

1．金融商品の状況に関する事項（定性的情報）

(1) 金融商品に対する取組方針

- 金融資産の運用方針，金融負債の資金調達方針およびその手段（内容），償還期間の状況等
- 金融資産と金融負債との間や金融商品と非金融商品との間に重要な関連がある場合には，その概要
- 金融機関等，金融商品の取扱いが主たる業務である場合には当該業務の概要

(2) 金融商品の内容およびそのリスク

- 主な金融商品の種類やその説明
- 金融商品に係るリスク
- デリバティブ取引

(3) 金融商品に係るリスク管理体制

　金融商品に係るリスク管理方針，リスク管理規程および管理部署の状況，リ

スクの減殺方法または測定手続等が含まれます。

⑷ 金融商品の時価等に関する事項についての補足説明

金融商品の時価に関する重要な前提条件などを記載します。

2．金融商品の時価等に関する事項（定量的情報）

原則として，金融商品に関する貸借対照表の科目ごとに，①貸借対照表計上額，②貸借対照表日における時価および③その差額を注記します。

なお，貸借対照表上，有価証券，デリバティブ取引により生じる正味の債権債務による科目をもって掲記していない場合であっても，有価証券，デリバティブ取引に係る時価の注記は必要です。

各商品の注記事項は以下のとおりです。

⑴ 有価証券

有価証券に係る時価情報は前述の注記に加え，詳細な情報が記載されます。原則，保有目的ごとに貸借対照表計上額および時価ならびに両者の差額，売却額，売却損益等が注記されます。

減損処理に関する事項，保有目的の変更に関する事項もここで記載します。

⑵ デリバティブ取引

デリバティブ取引に係る時価情報は前述の注記に加え，詳細な情報が記載されます。取引対象物の種類ごとに①契約額または元本相当額，②時価について，それぞれヘッジ会計が適用されているものとヘッジ会計が適用されていないものに区分して注記します。また，ヘッジ会計が適用されていないものについて，③評価損益を注記します。

【ヘッジ会計を適用しているもの】
- 貸借対照表日における契約額または契約において定められた元本相当額
- 貸借対照表日における時価

【ヘッジ会計が適用されていないもの】
- 貸借対照表日における契約額または契約において定められた元本相当額

- 貸借対照表日における時価
- 貸借対照表日における評価損益

　金利スワップの特例処理および為替予約等の振当処理については，ヘッジ対象と一体として，当該ヘッジ対象の時価に含めて注記することができます。

(3)　金銭債権および満期がある有価証券（売買目的有価証券を除く）

　償還予定額の合計額を一定の期間に区分して注記します。金銭債権の中に，破産更生債権等など償還予定額・時期が見込めないものがあり，当該記載に含めていない場合は，その旨・金額を別途開示することが適当と考えられます。

(4)　有利子負債（社債，長期借入金，リース債務およびその他）

　返済予定額合計額を一定の期間に区分して注記します。同等の情報が附属明細表で開示されている場合は，その旨を記載し，ここでの返済予定額の開示を省略できます。

(5)　金銭債務

　貸借対照表日における時価の開示に加えて，以下の金額のいずれかを開示することができます。

① 　約定金利に金利水準の変動のみを反映した利子率で割り引いた金銭債務の金額
② 　無リスクの利子率（企業自身の信用リスクは反映しない利子率）で割り引いた金銭債務の金額

(6)　市場価格のない株式等

　市場価格のない株式等については，時価を注記せずに，当該金融商品の概要と貸借対照表計上額を注記します。

(7)　契約資産

　契約資産については，時価等に関する事項の注記は不要です。ただし，貸借

対照表上，契約資産を顧客との契約から発生した債権等の金融資産と区分して
表示していない場合には，当該貸借対照表の科目について，以下の金額（また
は当該金額から契約資産を除いた金額）を注記します。

- 貸借対照表計上額
- 貸借対照表日における時価およびその差額

3．金融商品の時価のレベルごとの内訳等に関する事項（定量的情報）

　金融商品の時価のレベルごとの内訳等に関する事項として，以下の注記が求
められます。ただし，重要性が乏しいものは注記を省略することができます。
また，連結財務諸表において注記している場合には，個別財務諸表においては
注記が不要となります。

(1) **貸借対照表または注記のみで時価評価する金融商品**
- 時価のレベルごとの残高

(2) **貸借対照表または注記のみで時価評価するレベル2の時価またはレベル3**
の時価の金融商品
- 時価の算定に用いた評価技法およびインプットの説明
- 時価の算定に用いる評価技法またはその適用の変更の旨およびその理由

(3) **貸借対照表において時価評価するレベル3の時価の金融商品**
- 時価の算定に用いた重要な観察できないインプットに関する定量的情報
- 時価がレベル3の時価に区分される金融資産および金融負債の期首残高か
ら期末残高への調整表（純損益に計上した未実現の評価損益を含む）
- 企業の評価プロセスの説明
- 重要な観察できないインプットを変化させた場合の時価に対する影響に関
する説明

巻末付録

1 IFRSとの差異一覧

　IFRS第9号は，当初2009年に公表され（2009年版），金融資産の分類・測定に関する新基準が設けられました。その後，2010年10月の改定により，金融負債に関する規定も織り込まれ（2010年版），2013年11月には新たなヘッジ会計を含む2013年版が公表されました（以下，これらを合わせて旧版と称します）。

　その後，IASBは，2014年7月に減損および分類・測定の一部改定を含む最終版のIFRS第9号（2014年版）を公表し，これにより，金融危機を契機に開始されたIAS第39号を全面的に置き換えるプロジェクトは終了しました。

1．対象となる基準

日本基準
「金融商品に関する会計基準」（企業会計基準第10号）
「時価の算定に関する会計基準」（企業会計基準第30号）
「時価の算定に関する会計基準の適用指針」（企業会計基準適用指針第31号）
「その他の複合金融商品（払込資本を増加させる可能性のある部分を含まない複合金融商品）に関する会計処理」（企業会計基準適用指針第12号）
「払込資本を増加させる可能性のある部分を含む複合金融商品に関する会計処理」（企業会計基準適用指針第17号）
「金融商品の時価等の開示に関する適用指針」（企業会計基準適用指針第19号）
「債券の保有目的区分の変更に関する当面の取扱い」（実務対応報告第26号）
「金融商品会計に関する実務指針」（会計制度委員会報告第14号）
「銀行業における金融商品会計基準適用に関する会計上及び監査上の取扱い」（業種別監査委員会報告第24号）
「銀行業における外貨建取引等の会計処理に関する会計上及び監査上の取扱い」（業種別監査委員会報告第25号）
「保険業における金融商品会計基準適用に関する会計上及び監査上の取扱い」（業種別監査委員会報告第26号）
「金融商品会計に関するQ&A」（会計制度委員会）
IFRS
IAS第32号「金融商品：表示」
IFRS第7号「金融商品：開示」
IFRS第9号「金融商品」

2．主要な差異

(1) 金融商品の適用範囲，認識，認識の中止，デリバティブ，金融負債と資本

項目	日本基準	IFRS
低利，無利息での貸付の公正価値	該当する基準はない。実務では，契約額（額面）で認識することが一般的である。	(IFRS 9.B5.1.1, 5.1.2) 　無利息，あるいは市場金利と乖離した金利での貸付は，例えば同じ信用格付けを有する類似の金融商品の市場金利を用いてDCF法などにより公正価値を当初測定し，実効金利法で事後測定しなければならない。
ローン・コミットメント	（金融商品会計実務指針139） 　当座貸越契約（これに準ずる契約を含む）および貸出コミットメントについて，貸手である金融機関等は，その旨および極度額または貸出コミットメントの額から借手の実行残高を差し引いた額を注記する。	(IFRS 9.2.1(g), 2.3, 4.2.1(d), 6.7.1) 　一定のローン・コミットメントは，信用供与時に公正価値で金融負債として認識される。
通常の方法による金融資産の購入または売却	（金融商品会計実務指針22, 26） 　有価証券の売買契約については，約定日から受渡日までの期間が市場の規則または慣行に従った通常の期間である場合，売買約定日に買手は有価証券の発生を認識し，売手は有価証券の消滅の認識を行う。 　ただし，保有目的区分ごとに買手は約定日から受渡日までの時価の変動のみを認識し，また，売手は売却損益のみを約定日に認識する修正受渡日基準によることができる。 　貸付金および借入金は，資金の貸借日にその発生を認識し，その返金日に消滅を認識する。	(IFRS 9.3.1.2) 　通常の方法による金融資産の購入または売却については，取引日会計または決済日会計により，認識および認識の中止を行わなければならない。
金融資産の認識の中止	（金融商品会計基準12） 　財務構成要素アプローチに基づき，支配が移転した場合に金融資産	(IFRS 9.3.2.6, B3.2.1) 　リスク・経済価値アプローチに基づき，金融資産の認識を中止す

項目	日本基準	IFRS
	の消滅を認識する。	る。金融資産の所有に係るリスクと経済価値のほとんどすべてを移転したわけでも，ほとんどすべてを保持しているわけでもない場合は，「支配」の有無を検討する。引き続き支配を保持している場合は，継続的関与アプローチに基づき認識を継続する。
金融負債の交換および条件変更	該当する基準はない。	(IFRS 9.B3.3.6, B5.4.6) 　金融負債が著しく異なる条件で交換された場合や，条件の大幅な変更が行われる場合には，従前の金融負債の消滅と新しい金融負債の認識として処理される。
デリバティブの定義	（金融商品会計実務指針6） 　デリバティブとは，以下のような特徴を有する金融商品である。 • その権利義務の価値が基礎数値の変化に反応して変化する，基礎数値を有し，かつ，想定元本か固定もしくは決定可能な決済金額のいずれか，または想定元本と決済金額の両方を有する契約である。 • 当初純投資が不要であるか，または市況の変動に類似の反応を示すその他の契約と比べ当初純投資をほとんど必要としない。 • その契約条項により純額（差金）決済を要求もしくは容認し，契約外の手段で純額決済が容易にでき，または資産の引渡しを定めていてもその受取人を純額決済と実質的に異ならない状態に置く。	(IFRS 9.Appendix A) 　デリバティブとは，以下の3つの特徴のすべてを有するものをいう。 • その価値が，基礎数値で，非金融変数の場合には当該変数が契約当事企業に特有ではないものの変動に応じて変動する。 • 当初の純投資をまったく要しないか，または市場要因の変動に対する反応が類似する他の種類の契約について必要な当初の純投資よりも小さい。 • 将来のある日に決済される。
組込デリバティブ	（その他の複合金融商品（払込資本を増加させる可能性のある部分を含	(IFRS 9.4.3.1-4.3.3) 　主契約が金融資産の組込デリバ

項目	日本基準	IFRS
の会計処理	まない複合金融商品）に関する会計処理3，4） 　以下のすべての要件を満たした場合，区分処理が必要となる。 ・組込デリバティブのリスクが現物の金融資産または金融負債に及ぶ可能性があること。 ・同一条件の独立したデリバティブが，デリバティブの特徴を満たすこと。 ・時価の変動による評価差額が当期の純損益に反映されないこと。 　また，組込デリバティブが区分管理され，一定要件を満たす場合，区分処理を行うことができる。	ティブについて区分処理は廃止され，全体としての契約上のキャッシュ・フローの特徴に照らして，償却原価測定または純損益を通じて公正価値で測定される。なお，主契約が金融負債，非金融項目の場合には，IAS第39号と同様に区分処理が引き続き求められる。
金融負債と資本の区分に関する包括的な規定	金融負債と資本の区分に関する包括的な規定は存在しない。	IAS第32号にて，金融負債と資本の区分に関する包括的な規定が設けられており，株式・社債等の法的形式ではなく，経済的実質により金融負債と資本の区分が求められる。
金融負債の発行費用（社債発行費）	（繰延資産実務対応報告3） 　原則，支出時に営業外費用処理。 　ただし，繰延資産に計上し，社債の償還までの期間にわたり利息法または継続適用を条件に定額法により償却することができる。	（IFRS 9.Appendix A） 　社債発行費は実効金利に含まれ，実効金利法により償還期間にわたって支払利息として認識される。
資本取引の付随費用（株式交付費など）	（自己株式等会計基準14，繰延資産実務対応報告3） 　自己株式の取得，処分および消却に関する付随費用は，損益計算書の営業外費用に計上する。 　企業規模の拡大のためにする資本調達などの財務活動（組織再編の対	（IAS 32.35, 37） 　資本取引の費用は，関連する税効果を考慮した上で，資本の控除として会計処理しなければならない。なお，関連する法人所得税はIAS第12号に従って処理する。

項目	日本基準	IFRS
	価として株式を交付する場合を含む）に係る株式交付費については，繰延資産に計上し，3年以内のその効果の及ぶ期間にわたって，定額法により償却することができる。	
複合金融商品の発行費用	負債部分と資本部分への配分計算については，明文規定なし。	(IAS 32.38) 　複合金融商品の発行に関連する取引費用は，当該金融商品の発行入金額のうち，負債部分と資本部分とに配分された金額と比例的に配分される。
転換社債型新株予約権付社債の処理（発行体の処理）	(金融商品会計基準36) 　一括して負債計上する方法または社債の対価部分と新株予約権の対価部分とに区分する方法のいずれかによる。	(IAS 32.15, 28) 　契約条件を検討し，その実質に応じて金融負債と資本とに区分して処理する。

⑵　分類・測定および減損・ヘッジ会計（IFRS 9）

項目	日本基準	IFRS
金融資産の分類	債権と有価証券に分けて捉え，基本的には有価証券のみを分類の対象としている。 　有価証券については以下のとおり分類される。 • 売買目的有価証券 • 満期保有目的の債券 • 子会社株式および関連会社株式 • その他有価証券	(IFRS 9.4.1.1-4.1.5, 5.2.1, 5.7.5, BC 5.21) 　IAS第32号に基づく発行体側の負債，資本の判断が，原則として金融資産の保有者側での負債性，資本性の判断となる。 【負債性投資（債券・債権等）】 　「ビジネスモデル・テスト」および「契約上のキャッシュ・フローの特性テスト（SPPI要件：Solely Payments of Principal and Interest)」に従い，以下の3つに区分される。 ①　償却原価 　当該金融資産を保有するビジネスモデルが回収であり，かつ，契約上のキャッシュ・フローの特性テストを満たすもの。 ②　（リサイクルあり）その他の包括利益を通じて公正価値で測定（FVOCI） 　当該金融資産を保有するビジネスモデルが回収と売却の両方であり，かつ，契約上のキャッシュ・フローの特性テストを満たすもの。 ③　純損益を通じて公正価値で測定（FVPL） 　上記のいずれにも該当しないもの。 　償却原価またはFVOCIに分類される場合であっても，会計上の

項目	日本基準	IFRS
		ミスマッチが生じている場合は，公正価値オプションを適用しFVPLに分類できる。 【資本性投資（株式等）】 　トレーディング目的でなく当初取得時に企業が指定した場合のみ，（リサイクルなし）その他の包括利益を通じて公正価値で測定される。上記指定が行われない投資はFVPLに分類される。
非上場資本性投資	（金融商品会計基準19，金融商品会計実務指針92） 　市場価格のない株式等は，取得価額をもって，貸借対照表価額とする。	(IFRS 9.5.2.1) 　資本性金融商品およびそのデリバティブは，公正価値で測定する必要がある。
公正価値オプション	該当する基準はない。	(IFRS 9.4.1.5, 4.2.2) 【金融資産】 　会計上のミスマッチが生じている場合のみ，引き続き公正価値オプションを適用し，FVPLに分類することができる。 【金融負債】 　一定の要件を満たす場合には，公正価値オプションを適用できる。ただし，公正価値変動のうち，自己の信用リスクに起因する部分は，それにより会計上のミスマッチが生まれる，または増幅される場合を除き，OCIに計上する。なお，当該OCIの純損益への振替は禁止される。
その他の金融負債	（金融商品会計基準26） 　金銭債務は原則として債務額をもって貸借対照表価額とされる。償却原価法が用いられるのは，社債を	(IFRS 9.4.2.1) 　事後測定には，純損益を通じて公正価値で測定（以下，FVPL）に該当する場合を除き，常に実効

項目	日本基準	IFRS
	社債金額よりも低い価額または高い価額で発行した場合などに限られ，その際，利息法のほか，定額法を用いることも認められる。	金利法に基づく償却原価が用いられる。
金融資産の再分類	（金融商品会計実務指針80）　有価証券の保有目的区分は，正当な理由なく変更することはできないとしており，正当な理由に該当するケースとして，資金運用方針の変更または特定の状況の発生に伴って，保有目的区分を変更する場合等が挙げられている。	（IFRS 9.4.4.1-4.4.2）　負債性投資について，ビジネスモデルが変更されたまれなケースにおいてのみ，再分類が行われる。資本性投資および金融負債については，再分類は認められない。
資本性FVOCI/その他有価証券（株式）に係る利得および損失	（金融商品会計基準18, 20～22）　時価をもって貸借対照表価額とし，評価差額は税効果を考慮の上，以下のいずれかの方法により処理する。 • 評価差額の合計額を純資産の部に計上 • 時価が取得原価を上回る銘柄に係る評価差額は純資産の部に計上，時価が取得原価を下回る銘柄に係る評価差額は当期の損失として処理	（IFRS 9.5.7.1, 5.7.5-5.7.6, B5.7.1）　当初認識時にFVOCIと指定された資本性投資については，受取配当金のみ純損益に計上され（明らかに投資の払戻しでない場合），それ以外の利得および損失はすべてOCIに計上され，その後の純損益への振替は行われない。
減損の戻入れ	（金融商品会計基準15, 22）　売買目的有価証券は，常に時価評価されるが，満期保有目的の債券，その他有価証券について減損の戻入れは行われない。	資本性投資については，リサイクリングの処理が行われないため，減損および減損の戻入れという問題はそもそも生じない。
貸倒引当金と減損の区別および適用対象	債権の貸倒れと有価証券の減損に分けて検討する。	（IFRS 9.2.1, 5.5.1）　償却原価で測定される金融資産，負債性金融商品のうちFVOCIの金融資産，リース債権およびIFRS第15号に基づく契約資産の

項目	日本基準	IFRS
		ほか，ローン・コミットメントおよび金融保証に対しても単一のアプローチで予想貸倒損失に対する損失評価引当金が認識される。
貸倒引当金および減損（有価証券）	（金融商品会計基準27，金融商品会計実務指針295等） 　報告日時点の債務者および債権の信用状態に応じた区分に基づく。 （金融商品会計基準20, 21） 　有価証券については，時価が著しく下落したときは，回復する見込みがあると認められる場合を除き，時価をもって貸借対照表価額とし，評価差額は当期の損失として処理する。 　市場価格のない株式等について，実質価額が著しく低下した場合には，相当の減額をなし，評価差額は当期の損失として処理する。	（IFRS 9.5.5.1−5.5.8, 5.4.1） 　当初認識以降の信用リスクの変化に基づく「相対的アプローチ」に基づく。 【負債性金融商品】 　当初認識時点ですでに信用減損している資産（不良債権等）を除き，減損規定の対象資産は，すべて12か月予想貸倒損失（ECL: Expected Credit Losses）が引き当てられる（ステージ1）。当初認識後に信用リスクの著しい増加がある場合には，引当額が12か月ECLから全期間ECLに切り替わる（ステージ2または3）。 【資本性投資】 　非デリバティブ資本性投資は，すべてFVPLまたはFVOCI（リサイクルなし）で処理されるため，減損という手続自体がなくなっている。
利息不計上	（金融商品会計基準（注9），金融商品会計実務指針119） 　債務者から契約上の利払日を相当期間経過しても利息の支払いを受けていない債権および破産更生債権等については，すでに計上されている未収利息を当期の損失として処理するとともに，それ以後の期間に係る	[利息収益の認識] 　信用減損が発生（ステージ1または2）するまでは，利息収益は，総額ベースの帳簿価額に実効金利（EIR）を適用する。 　信用減損している場合には，純額ベースの帳簿価額にEIRを適用する（ステージ3）。

項目	日本基準	IFRS
	利息を計上してはならない。また，利息の支払いを契約どおりに受けられないため利払日を延長したり，利息を元本に加算することとした場合にも，未収利息の回収可能性が高いと認められない限り，未収利息を不計上とする。	
営業債権と貸付金の貸倒引当金の設定	（金融商品会計基準27, 28） 　区分に応じ，債権の貸倒見積高を以下のとおり算定する。 ・一般債権：過去の貸倒実績率等，合理的な基準により算定 ・貸倒懸念債権：債権の状況に応じ，以下のいずれかの方法を継続適用する ①債権額から担保の処分見込額等を減額し，その残額について債権者の財政状態および経営成績を考慮して貸倒見積高を算定する方法（財務内容評価法） ②将来キャッシュ・フローの現在価値と債権の帳簿価額との差額を貸倒見積高とする方法（キャッシュ・フロー見積法） ・破産更生債権等：債権額から担保の処分見込額等を減額し，その残額を貸倒見積高とする。	（IFRS 9.5.5.15-5.5.16） 　以下については，簡便的アプローチの適用が強制または会計方針により認められる。簡便的アプローチが適用された場合，常に全期間ECLを認識する。 ・重要な財務要素のない営業債権および契約資産は簡便的アプローチが強制 ・重要な財務要素のある営業債権および契約資産，ならびにリース債権（1年超含む）は会計方針により，原則的アプローチと簡便的アプローチを選択
ヘッジ会計の意義	（金融商品会計基準29） 　ヘッジ会計とは，ヘッジ取引のうち一定の要件を満たすものについて，ヘッジ対象に係る損益とヘッジ手段に係る損益を同一の会計期間に認識し，ヘッジの効果を会計に反映させるための特殊な会計処理をいう。	（IFRS 9.6.1.1） 　ヘッジ会計の目的は，純損益（またはその他の包括利益を通じて公正価値で測定するもの（FVOCI）として分類および測定される資本性金融資産の場合にはその他の包括利益（OCI））に影響を与える可能性のある特定のリスクか

項目	日本基準	IFRS
		ら生じるエクスポージャーを管理するために金融商品を用いる企業のリスク管理活動の影響を，財務諸表において表現することである。
ヘッジ手段	（金融商品会計実務指針165） 　予定取引，その他有価証券，在外子会社等に対する投資への持分の為替リスクをヘッジする場合に外貨建非デリバティブ金融商品はヘッジ適格である。保有するその他有価証券の相場変動をヘッジする目的の信用取引（売付け）または有価証券の空売りは，ヘッジ手段として適格である。 　組替調整（リサイクル）なしのFVOCIに相当するカテゴリーは存在しない。 　自己の信用リスクに起因する公正価値変動をOCIに計上する処理は存在しない。単一のヘッジ手段による複数リスクのヘッジの可否は，必ずしも明らかでない。ヘッジ手段の残存期間の一部分のみをヘッジ指定することの可否は，必ずしも明らかでない。	（IFRS 9.6.2.2） 　原則として非デリバティブ金融商品もヘッジ手段として指定することができる（ただし，一部制限あり）。純損益を通じて公正価値で測定（FVPL）される非デリバティブ金融商品は，負債の信用リスク（いわゆる自己の信用リスク）に起因する公正価値変動をOCIに計上することが求められる金融負債を除き，ヘッジ手段に指定できる。 （IFRS 9.B6.2.6） 　単一のヘッジ手段を，複数のリスクに対するヘッジに指定することが認められる。 （IFRS 9.6.2.4） 　ヘッジ手段の残存期間の一部分のみをヘッジ指定することはできない。
ヘッジ手段	（業種別委員会報告第24号，同第25号） 　銀行業においては，その特殊性に合わせた例外規定があり，対外カバー取引を3営業日以内に行うことなどを条件に，内部デリバティブをヘッジ手段として指定することが許容されている。	（IFRS 9.6.2.3） 　すべてのヘッジ手段は第三者との取引に基づくものでなければならない。

項目	日本基準	IFRS
ヘッジ対象—企業買収に関する確定約定	企業結合取引に関する規定はない。	(IFRS 9.B6.3.1) 　企業買収に関する確定約定は，その為替リスクのみがヘッジ対象になりうる。
ヘッジ対象—リスク構成要素	(金融商品会計実務指針156等) 　ヘッジ対象を金融商品と非金融商品で区別する規定はなく，区分して把握できるリスク要素は適格なヘッジ対象となりうると解される。	(IFRS 9.B6.3.8) 　金融商品または非金融商品のリスク要素が，別個に識別でき信頼性をもって測定できる場合には適格なヘッジ対象となりうる。
ヘッジ対象—その他の包括利益に影響するエクスポージャー	日本基準では，リサイクルなしの資本性FVOCIというカテゴリー自体がない。	(IFRS 9.6.5.3) 　資本性FVOCIへの投資をヘッジする場合，ヘッジ手段の公正価値の変動は非有効部分も含めてOCIで認識する。なお，OCIに累積した利得または損失は純損益にリサイクルされない。
ヘッジ対象—合計エクスポージャー	(金融商品Q&A Q48) 　合計エクスポージャーをヘッジ対象とすることは認められていないと解される。	(IFRS 9.6.3.4) 　ヘッジ対象として適格となりうるエクスポージャーとデリバティブとの組み合わせである合計エクスポージャーも，ヘッジ対象として適格になりうる。
ヘッジ対象—項目グループ	(金融商品会計基準29，（注11）） 　個々の資産または負債が共通の相場変動等による損失の可能性にさらされており，かつ，その相場変動等に対して同様に反応することが予想されるものである場合に，包括ヘッジが認められる。	(IFRS 9.6.6.1) 　ヘッジ対象となるグループが，個々に適格な項目または項目の構成要素で構成されており，リスク管理目的上，グループ中の項目がまとめて管理されている場合に，項目グループに対してヘッジ会計を適用することができる。すなわち，グループ内の個々の資産または負債がヘッジ対象リスクに起因するグループ全体の公正価値変動

項目	日本基準	IFRS
		に概ね比例するといった要件はない。
ヘッジ対象—公正価値ヘッジにおける階層(レイヤー)指定	相場変動リスクのヘッジにおける階層指定の可否および処理について個別に定める基準はない。ただし、銀行業については、業種別委員会報告第24号により、期限前償還リスクを除く部分をヘッジ指定し、適切な事後検証が行われる場合には、ヘッジ会計の要件を満たすとされる。	(IFRS 9.B6.3.18, B6.3.20) 　公正価値ヘッジにおいて、要件を満たせば、定義された名目金額から特定される階層要素、または定義されているがオープンな母集団から特定される階層要素をヘッジ対象として指定することが認められている。 　これにより早期償還オプションを含む貸付金等について、ボトム・レイヤー（底溜り）アプローチを適用することも認められるが、期限前償還オプションの公正価値がヘッジ対象リスクの変動の影響を受ける場合には、ヘッジ対象の公正価値の変動を算定する際に、指定された階層に関連する期限前償還オプションの影響を含めなければならない。
ヘッジ対象—純額ポジションのヘッジ	純額ポジションのヘッジ対象としての指定に関する明文規定は存在しないが、純額ポジションはヘッジ対象として適格ではないと解されている。	(IFRS 9.6.6.1, B6.6.7, B6.6.15) 　純額ポジションが適格なヘッジ対象とされている。また、複数の期間の純損益に影響を与える純額ポジションについても、為替リスクに限って、一定の要件を満たすことを条件にキャッシュ・フロー・ヘッジにおけるヘッジ対象として指定できる。なお、OCI累計額（ヘッジ・リザーブ）から純損益へ振り替えられた金額は、独立した表示科目で表示しなければならない。

項目	日本基準	IFRS
ヘッジ対象—信用リスクのヘッジ	（金融商品会計実務指針315） 　金融商品会計実務指針では，「…ヘッジ会計の適用のため文書化を要するリスクは，為替，債券，株式等の市場リスク，信用リスクや金利リスクのように市場価格その他の変動に対する資産または負債等の時価やキャッシュ・フローの変化が合理的に定量化できるリスクである。」とされている。	（IFRS 9.6.7.1, BC6.499–504） 　信用リスクはヘッジの適格要件を満たすリスク要素ではないとされるが，その代わりに貸付，ローン・コミットメントまたは金融保証契約について，その信用リスクの変動が管理されている範囲において，指定および指定の取消しを柔軟に行うことが可能な，公正価値オプションの適用が認められる。
ヘッジ関係	（金融商品会計実務指針167） 　外貨建金銭権債務について，為替予約等により為替変動リスクをヘッジする場合，これをヘッジ会計の対象としない，振当処理，のいずれかの方法で処理する。 （外貨建取引会計基準（注13）） 　在外支店に対する投資のヘッジや，連結財務諸表上，在外子会社等に対する資本項目以外の長期貨幣性項目をヘッジ対象とすることは認められないと解される。	（IFRS 9.6.5.2, 6.5.4） 　外貨建貨幣性資産または負債を為替先物契約等を用いてヘッジする場合，公正価値ヘッジまたはキャッシュ・フロー・ヘッジのいずれとして処理することも認められる。 （IFRS 9.6.5.2, 6.5.13） 　在外営業活動体に対する純投資のヘッジに際し，機能通貨の異なる支店や，純投資を構成するとみなされる長期の貨幣性項目等もヘッジ対象となりうる。
適格なヘッジの会計処理	（金融商品会計実務指針160） 　時価ヘッジはその他有価証券のみが対象となりうる。 （金融商品会計実務指針172） 　ヘッジ全体が有効と判定され，ヘッジ会計の要件が満たされている場合には，ヘッジ手段に生じた損益のうち結果的に非有効となった部分についても，ヘッジ会計の対象として繰延処理することができる。	（IFRS 9.6.5.8） 　適格な公正価値ヘッジにおいては，ヘッジ対象を公正価値で測定することにより，ヘッジ手段に係る利得または損失が相殺される。 （IFRS 9.6.5.11） 　公正価値ヘッジ以外の場合，ヘッジ非有効部分は自動的に純損益として認識される。キャッシュ・フロー・ヘッジ会計の場

項目	日本基準	IFRS
		合，ヘッジ手段の公正価値変動がヘッジ対象の見積将来キャッシュ・フローの公正価値の変動を上回る額については，OCIではなく純損益として認識する。
適格なヘッジの会計処理—金利スワップの特例処理	（金融商品会計基準（注14）等）　一定要件を満たす場合，金利スワップを時価評価せず，その金銭の受払の純額等を当該資産または負債に係る利息に加減して処理することができる。	金利スワップに係る特例処理のような会計処理は認められない。
適格なヘッジの会計処理—為替予約に係る振当処理	（外貨建取引会計基準注解6，7）　為替予約等により確定する決済時における円貨額により外貨建取引および金銭債権債務等を換算し直物為替相場との差額を期間配分する方法によることができる。	振当処理のような会計処理は認められない。
適格なヘッジの会計処理—ヘッジ・コスト	（金融商品会計実務指針171，業種別委員会報告第25号(6)）　オプションの時間的価値および先渡契約の金利要素について，いずれもヘッジ指定から除外することができるが，ヘッジ指定から除外した際には，その変動を直ちに当期の純損益に計上する必要がある。通貨ベーシス・スプレッドに関しては特段の規定がない。ただし，銀行業において，通貨スワップ等により為替リスクを繰延ヘッジする場合には，ヘッジ手段の直物レートの変動を純損益に認識する一方，金利要素については繰り延べ，発生主義により純損益で認識することが個別に認められている。	（IFRS 9.6.2.4，6.5.15，B6.5.29）　オプションの本源的価値の変動のみをヘッジ手段に指定している場合，オプションの時間的価値の公正価値の変動は，最初にOCIに計上され，その後の処理は，ヘッジ対象取引の性質により以下のように異なる。①　取引に関連したヘッジ対象の場合　そのヘッジ対象がその後に非金融資産もしくは非金融負債，または公正価値ヘッジ会計が適用される確定約定の認識を生じる場合には，ベーシス・アジャストメントを行う。それ以外の場合には，当該金額を，ヘッジされた予想将来キャッシュ・フローが純損益に影

項目	日本基準	IFRS
	（金融商品会計実務指針172） 　ヘッジ全体が有効と判定され，ヘッジ会計の要件が満たされている場合には，ヘッジ手段に生じた損益のうち結果的に非有効となった部分についても，ヘッジ会計の対象として繰延処理することができる。したがって，ヘッジ全体が非有効とならない限りにおいては，オプションの時間的価値等をヘッジ手段に含めてヘッジ指定することによってヘッジ非有効部分から純損益が生じることを回避できる。	響を与えるのと同じ期間に，資本の独立の内訳項目から純損益にリサイクル額として振り替える。 ②　期間に関連したヘッジ対象の場合 　オプションをヘッジ手段に指定した日現在の時間的価値は，ヘッジ対象に関連する範囲で，オプションの本源的価値についてのヘッジ調整が純損益（または一定の場合にはOCI）に影響を与える可能性のある期間にわたって規則的かつ合理的な基準で償却する。償却額は資本の独立の内訳項目から純損益にリサイクル額として振り替える。 （IFRS 9.6.2.4, 6.5.16, B6.5.34） 　先渡契約の金利要素および通貨ベーシス・スプレッドについても，上記オプションの時間的価値と同様の会計処理を行うことができる。 ※　時間的価値や金利要素を区分するか否かは会社の選択であるが，区分した場合には，オプションの時間的価値の場合には上述の処理が強制される一方，先渡契約の金利要素および通貨ベーシス・スプレッドの場合には容認されるのみ。
適格なヘッジの会計処理―ベーシス・アジャ	（包括利益会計基準設例4） 　ベーシス・アジャストメントは「資産の取得原価調整額」等の名称により，包括利益計算書を通して行われる。	（IFRS 9.6.5.11） 　ベーシス・アジャストメントはリサイクルではなく，したがって，包括利益計算書を通さずに行われることが明確化されている。

項目	日本基準	IFRS
ストメント		
ヘッジ指定—文書化要件	（金融商品会計基準31，金融商品会計実務指針144, 145, 147） 　一定の条件を満たす場合，ヘッジ文書の作成を省略できる。リスク管理方針文書には少なくとも，管理の対象とするリスクの種類と内容，ヘッジ方針，ヘッジ手段の有効性の検証方法等のリスク管理の基本的な枠組みを含める必要があるが，ヘッジ比率の決定方法や非有効部分の発生原因の分析については記載が要求されない。	（IFRS 9.6.4.1等） 　ヘッジ文書の作成省略は認められない。 　ヘッジ関係の開始時に，リスク管理戦略およびリスク管理目的に関する正式な指定と文書化が必要。文書化する際には，ヘッジ手段，ヘッジ対象，ヘッジされるリスクの性質，およびヘッジ関係がヘッジ有効性の要件を満たしているかどうかを判定する方法，ヘッジ比率の決定方法，および，非有効部分の発生原因の分析を含めなければならない。
有効性評価	（金融商品会計実務指針156） 　ヘッジ有効性の判定は，原則としてヘッジ開始時から有効性判定時点までの期間において，ヘッジ対象の相場変動またはキャッシュ・フロー変動の累計とヘッジ手段の相場変動またはキャッシュ・フロー変動の累計とを比較する定量的な事後テストによって行われ，両者の変動額の比率が概ね80%から125%までの範囲内にあれば，ヘッジ対象とヘッジ手段との間に高い相関関係があると認められる。 （金融商品会計実務指針314, 323，業種別委員会報告第24号） 　回帰分析は事前テストには利用が認められるが，銀行業を除き，事後テストには利用が想定されていな	（IFRS 9.6.4.1） 　ヘッジ対象とヘッジ手段との間に経済的関係があり，信用リスクの影響が，当該経済的関係から生じる価値変動に著しく優越するものではない場合に，ヘッジの有効性が認められる。 （IFRS 9.B6.4.12-B6.4.19, 6.5.11等） 　有効性の評価は将来に向かって行われ，定性的評価も認められる。すなわち定量的な事後評価が常に求められるわけではない。また，80%-125%の数値基準も設けられておらず，経済的関係が存在する限り，ヘッジ会計の適用自体は認められ，有効性の度合いは非有効部分として純損益で認識される金

項目	日本基準	IFRS
	い。 （金融商品会計実務指針156） 　事後テストは原則として相場変動またはキャッシュ・フロー変動の累計によって行うが，その比較に織り込むべき要素に関する具体的なガイダンスはない。 （金融商品会計実務指針158） 　ヘッジ手段とヘッジ対象の重要な条件が同一で，ヘッジ開始時から継続して相場またはキャッシュ・フロー変動の完全な相殺が想定できる場合は，有効性の判定を省略できる。 （金融商品会計実務指針143⑵, 146） 　キャッシュ・フローを固定するヘッジは，ヘッジ手段とヘッジ対象のキャッシュ・フローの変動累計との間に高い相関関係があれば，有効性が認められる。 （金融商品会計実務指針171, 341） 　オプションの時間的価値や為替予約のプレミアム・ディスカウント（フォワード要素）をヘッジ指定から除外して区分処理しない場合であっても，時間的価値等を含めたデリバティブ全体の時価変動をヘッジ対象と対応させるヘッジ戦略（デルタヘッジ）を採っていない限り，有効性評価から除外して判定することができる。	額として反映される。 　有効性の評価方法について特定の方法は定められておらず，事前テストと事後テストの双方において回帰分析といった統計的方法の利用も否定されない。 （IFRS 9.B6.5.5–B6.5.6） 　有効性評価や非有効性の測定において，仮想デリバティブ法を用いる際には，仮想デリバティブにはヘッジ手段にのみ存在し，ヘッジ対象には存在しない特徴を含めることはできない。 （IFRS 9.6.4.1, B6.4.12, B6.4.14） 　ヘッジ手段とヘッジ対象の主要な条件が一致している場合等には定性的評価によることも認められるが，有効性評価自体の省略は認められず，ヘッジ開始以降も毎期，継続的に評価しなければならない。 （IFRS 9.6.5.11, B6.5.4） 　キャッシュ・フロー・ヘッジの非有効部分の測定は，ヘッジ対象の公正価値の変動は貨幣の時間的価値を考慮した現在価値ベースで行わなければならない。 （IFRS 9.6.2.4, B6.5.29, B6.5.34） 　オプションの時間的価値や為替予約のフォワード要素等をヘッジ指定から除外しなかった場合，ヘッジの有効性評価および非有効

項目	日本基準	IFRS
		部分の測定評価において，これらの要素を除外することは認められない。
ヘッジ会計の中止―リバランス（バランス再調整）	（金融商品Q&A Q52，金融商品会計実務指針150，180，348，業種別委員会報告第24号，同第25号，同第26号） 　ヘッジ関係が企業のヘッジ有効性の評価基準を満たさなくなった場合，またはヘッジ手段が満期，売却，終了または行使のいずれかの事由により消滅した場合にはヘッジ会計を中止しなければならない。包括ヘッジにおいて，ヘッジ対象である資産または負債の一部が中途解約や売却等により消滅した場合には，当該消滅部分のみについて部分的なヘッジの中止の処理を行う。バランス再調整の概念は存在せず，ヘッジ対象およびヘッジ手段が存在している場合に，会計上の包括ヘッジ比率を調整する場合には，原則としてヘッジ全体の指定の取消しおよび再指定が必要になると考えられる。ただし，動的なヘッジ・ポジションの変更を伴う銀行業の金利リスクおよび為替リスクのヘッジ，および保険業におけるデュレーション・マッチング戦略については，具体的な条件を満たす場合に，事実上，これを不要とする個別の業種別ガイダンスが設けられている。	（IFRS 9.6.5.5，6.5.6，B6.5.7，B6.5.8，B6.5.21） 　ヘッジ適格要件が満たされなくなった場合には，ヘッジ会計を中止しなければならない。 　なお，特にグループまたはポートフォリオ・ヘッジなど動的なリスク管理を行っている場合等において，リスク管理方針は不変であるが，従前のヘッジ関係がヘッジ有効性の要求に合致しなくなった場合には，適格要件を満たすようにヘッジ比率を調整しなければならない（リバランス）。リバランスはヘッジ会計の部分的な中止として処理され，ヘッジ関係の残りの部分に対してはヘッジ会計の適用が継続される。
自己使用の契約	該当する規定は存在しない。	（IFRS 9.2.5） 　自己使用の契約に係る公正価値オプションが導入されており，契約の開始時点で，取消不能な指定

項目	日本基準	IFRS
		を行うことで自己使用の契約を，純損益を通じて公正価値で測定することができる。ただし，そのような指定は，会計上のミスマッチを解消させるか，または大幅に低減する場合にのみ認められる。
キャッシュ・フロー・ヘッジの表示―金利スワップの純支払額	金利スワップから生じる純利息についてOCIからの組替調整として会計処理することを求める明文規定は存在しない。	(IFRS 9.6.5.11) 　金利スワップの純支払額をOCIと純損益との間のリサイクルとして表示しなければならないことを明確化している。

② Keyword

あ

一般債権
　経営状態に重大な問題が生じていない債務者に対する債権をいい，貸倒懸念債権および破産更生債権等以外の債権として区分される。

ウェザー・デリバティブ
　冷夏，暖冬，大雨，渇水といった自然現象に伴う企業の経営リスクをヘッジするもので，平均気温や降雪量等の自然現象等にリンクしたデリバティブ取引。損失補填性がないため，保険契約とは区別される。

オプション取引
　将来の一定の時期に，契約時に定めた契約内容に基づいて取引を実行する権利の売買をいう。

か

貸倒懸念債権
　経営破綻の状態には至っていないが，債務の弁済に重大な問題が生じているか，または生じる可能性の高い債務者に対する債権をいう。

貸倒実績率法
　債権全体または同種・同類の債権ごとに，債権の状況に応じて算定した過去の貸倒実績率等，合理的な基準により貸倒見積高を求める方法をいう。

カバード・ワラント
　オプションと類似の金融商品で，株式などを一定の期日にあらかじめ定めた価格で買い付けたり，売り付けたりする権利を証券化したもの。カバード・ワラントは新株予約権とも類似しているが，新株予約権は買う権利だけを取引するものであるのに対して，カバード・ワラントにはプット・ワラントという売る権利を対象としたものもある。また，カバード・ワラントは，新株予約権と異なり，対象となる株式を発行する企業が発行するのではなく，金融機関など異なった企業が発行するのが一般的であり，権利行使により取得する株式は，その会社の発行する新株ではなく，通常，すでに発行されている株式が充当される。

カラー
　金利のゼロ・コスト・オプション。定期預金の金利下落リスクを回避するために，フロアーの購入とキャップの売却をすることによりフロアーのオプション料をキャップの売却により相殺する。これにより，金利上昇時のメリットをある程度放

棄する代わりに，金利下落時のフロアー効果の恩恵を受けることができる。したがって，カラーはデリバティブ取引（キャップとフロアー）が組み合わされた複合金融商品となる。

為替予約

　取引の当事者があらかじめ将来の一定の時期において，一定の価格（為替レート）で外国通貨およびその対価の授受を約する取引をいう。

キャッシュ・フロー見積法

　債権の元本の回収および利息の受取に係るキャッシュ・フローを合理的に見積ることができる債権について，債権の発生または取得当初における将来キャッシュ・フローと債権の帳簿価額との差額が一定率となるような割引率を算出し，債権の元本および利息について，元本の回収および利息の受取が見込まれるときから当期末までの期間にわたり，債権の発生または取得当初の割引率で割り引いた現在価値の総額と債権の帳簿価額との差額を貸倒見積高とする方法をいう。

金銭債務

　支払手形，買掛金，借入金および社債等，将来の一定期日に他の企業に対し現金を引き渡す契約上の義務をいう（金融商品会計実務指針216）。金融商品会計上は（負債としての社債を社債金額よりも低い価額または高い価額で発行した場合を除いて）原則として，債務額をもって貸借対照表価額とされる（金融商品会計基準26）。

金銭の信託

　委託者が受託者（信託銀行等）に金銭を信託し，受託者がその金銭を，委託者またはその代理人（投資顧問会社等）の指示（運用対象，処分および時期等）に基づく金融商品（有価証券，預金，コールローン，デリバティブ等）等への投資・運用によって得られた収益の実績配分を行う信託契約をいう。特定金銭信託およびファンド・トラスト（指定金外信託）がその代表例である。

　金融商品会計上は原則として，運用を目的とするもの（売買目的）とみなされ，ここの信託財産構成物に対し，金融商品会計基準等に従って評価および会計処理を行う。

金融資産

　現金，他の企業から現金もしくはその他の金融資産を受け取る契約上の権利，潜在的に有利な条件で他の企業とこれらの金融資産もしくは金融負債を交換する契約上の権利，または他の企業の株式その他の出資証券をいう。具体的には，現金預金，受取手形，売掛金および貸付金等の金銭債権，株式その他の出資証券および公社債等の有価証券ならびにデリバティブ取引により生じる正味の債権等が挙げられる。

金融商品

　一方の企業に金融資産を生じさせ，他の企業に金融負債を生じさせる契約，およ

び一方の企業に持分の請求権を生じさせ，他の企業にこれに対する義務を生じさせる契約（株式その他の出資証券に化体表章される契約）をいう。

金融負債

　他の企業に金融資産を引き渡す契約上の義務，または潜在的に不利な条件で他の企業と金融資産もしくは金融負債（他の企業に金融資産を引き渡す契約上の義務）を交換する契約上の義務をいう。具体的には，支払手形，買掛金，借入金および社債等の金銭債務ならびにデリバティブ取引により生じる正味の債務等が挙げられる。

金利スワップの特例処理

　金利スワップ取引のうち一定の要件を満たす場合には，金利スワップを時価評価せず，その金銭の受払の純額等をヘッジ対象の資産・負債に係る利息に加減して処理することが認められている（金融商品会計基準（注14））。この方法を金利スワップの特例処理という。

金利調整差額

　債券を発行する際に，発行体は市場の利率を考慮して約定利率を決定するが，約定利率決定後・債券発行前に市場の利率が変動した場合，その整合性を確保して資金調達をしやすくするために，債券の発行価額を上げたり下げたりすることにより利回りを調整する。この場合の発行価額と額面金額との差額を金利調整差額という。

繰延ヘッジ

　ヘッジ対象の損益が認識されるまでヘッジ手段の損益を認識しない，すなわち貸借対照表上資産または負債として繰り延べる方法をいい，金融商品会計基準ではヘッジ会計の原則的処理方法とされている。

クレジット・デリバティブ

　債権の信用リスク（取引相手の倒産や契約不履行により債権等を回収できなくなる可能性）をスワップやオプションの形式で相対にて売買する契約。信用力を指標にして，将来に受け渡す損益を決める。当事者が元本として定めた国や事業会社等の信用状態等を反映する利子率や価格に基づき金銭の支払を相互に約する契約や，当事者間で取り決めた者の信用状態等の発生（倒産等）に基づき金銭の支払もしくは金融資産の移転を相互に約する契約などがある。

クロス取引

　金融資産を売却した直後に同一の金融資産を購入した場合，または金融資産を購入した直後に同一の金融資産を売却した場合で，かつ，譲渡人が譲受人から譲渡した金融資産を再購入または回収する同時の契約がある取引のこと。ただし，売買目的有価証券については，同一銘柄のものも頻繁に売買取引を繰り返すので，結果として同一価格になることもあるが，クロス取引には該当しない。

現在価値

　将来受け取るキャッシュ・フロー（将来価値）の現在時点における価値をいう。例えば，現在において手元に有している1,000万円と1年後に手元に入ってくる1,000万円を比較すると，現在持っている1,000万円のほうが価値が高いということを表す。将来の価値を現在価値に置き直す場合には，将来のキャッシュ・フロー÷$(1+割引率)^n$［n＝年数］で計算する。2年後に手元に入る1,000万円を割引率5％で現在価値に計算し直すと，1,000万円÷$(1+0.05)^2$＝907万294円となる。

建設協力金

　建物建設時に消費寄託する建物等の賃貸に係る預託保証金で，契約に定めた期日に預託金受入企業が現金を返還し差入企業がこれを受け取る契約。敷金との違いは，敷金は賃料および修繕の担保的性格を有しており，賃貸借契約満了時が償還期限であり，法的にはこの時点で返還請求権が発生すると解され，通常無金利である点にある。

コーラブル債

　債券の発行体があらかじめ定められた期間，価格で期限前償還できる条件（オプション）を付けた債券をいう。債券の発行体が繰上償還する権利を有している代わりに，同期間の債券よりも利率が高くなっている。

さ

財務内容評価法

　担保または保証が付されている債権について，債権額から担保の処分見込額および保証による回収見込額を減額し，その残額について債務者の財政状態および経営成績を考慮して貸倒見積高を算定する方法をいう。

先物取引

　上場デリバティブ取引であり，証券取引所の定める基準および方法に従い取引所および外国取引所において行われる以下に掲げる取引に類似する取引をいう。

① 取引の当事者が将来の一定の時期において有価証券，通貨等または商品（以下「有価証券等」という）およびその対価を授受する売買であって，当該売買の目的となっている有価証券等の転売または買戻しをしたときは差金の授受によって決済することができる取引

② 有価証券指数，金融指標または商品指数（以下「有価証券指数等」という）の数値として取引の当事者があらかじめ約定する数値と将来の一定の時期における現実の有価証券指数等の数値の差に基づいて算出される金銭の授受を約する取引

③ 有価証券または商品の価格として取引の当事者があらかじめ約定する数値と将来の一定の時期における現実の当該有価証券または商品の価格の差に基づいて算出される金銭の授受を約する取引

先渡取引・先物取引

　将来の一定の時期に予定している特定の取引について，その金額等の契約内容を契約時に決定する取引。先渡取引は相対で取引し，先物取引は取引所で取引する。

CD

　Certificates of Depositの略で，日本語では譲渡性預金という。利付（クーポン）方式で発行される譲渡可能な定期預金証書のこと。発行者は，銀行，信用金庫などの預金受入れが可能な金融機関に限られ，流通取扱者は，金融機関（自己の発行したものを除く），短資会社，証券会社，金融機関の関連会社などである。販売対象先としては，個人も可能であるが，現先取引に関しては現先取引適格法人のみとなる。

時価主義

　特定の資産または負債について毎期末の時価をもとに評価する会計。従来の取得原価主義においては時価と簿価の乖離を財務諸表に反映できなかったが，時価主義によれば期末現在の時価に基づく会社の財政状態および経営成績を示すことが可能となる。デリバティブ取引全般についても，財務諸表において時価評価の対象とされる。ただし，現在の時価主義導入はすべての資産に時価評価を求めているものではない。対象は客観性の確保されるものに限定され，時価に恣意性が入るものは含まれない。

時価ヘッジ

　ヘッジ手段の損益発生時点に合わせてヘッジ対象の損益を認識する方法をいう。この方法はヘッジ対象である資産または負債に係る相場変動等を損益に反映させることができる場合に適用可能であるが，金融商品会計基準の規定との関係上，我が国では現状，その他有価証券のみが適用対象であると解釈されている。

実質的ディフィーザンス

　負債の元利金の返済にのみ充当されるように，原債務者がリスク・フリー資産により解約不能の信託を設定し，将来において当該負債を原因とした追加支払が生じる可能性がほとんどなくなるように仕組むことにより，実質的に債務が償還されたものとみなすこと。

修正受渡日基準

　有価証券の売買の認識にあたり，買手は約定日から受渡日までの時価の変動のみを認識し，また，売手は売却損益のみを約定日に認識する方法。

取得原価主義

　資産を評価するに際し，取得した時点で支払った対価をもとに評価する会計。取得原価主義は数値の客観性を確保できる反面，含み損益については財務諸表に顕在化されない。また，急速に拡大しているデリバティブ取引についても決済されるまで取引の実態が会計に反映されない。

取得条項付転換社債型新株予約権付社債

　発行者が，一定の事由が生じたことを条件として，当該転換社債型新株予約権付社債を取得できるとする条項が付された転換社債型新株予約権付社債。敵対的買収の防衛策として注目されている。

償却原価法

　金融資産または金融負債を債権額または債務額と異なる金額で計上した場合において，当該差額に相当する金額を弁済期または償還期に至るまで毎期一定の方法で取得価額に加減する方法。当該加減額は受取利息または支払利息に含めて処理する。

消費寄託契約

　受託者（受寄者）が，受託物（受寄物）を消費することができるとする寄託契約をいう。証券会社等（金融商品取引業者等）が顧客から有価証券の寄託の受入を行う場合に認められている契約などである。受託者は受託物を消費し，後日，それと同種・同等・同量のものを返還することを約束する。消費寄託契約には消費貸借の規定が準用される（民666）。

消費貸借契約

　当事者の一方が，同種類，同等および同数量の物を返還することを約して，相手方から金銭その他の物を受け取ることによって効力を生じる契約をいう。「消費」という言葉が使われているのは，借主のほうが借りた物をそのままの形で返還するのではなく，借りたものをいったん消費したうえで，返還の期日に，同種類，同等，同数量の物を返還すればよいからという理由による。借りた物と返す物が同一の物ではないという点で使用貸借や賃貸借とは異なる。金銭や有価証券の貸借契約などが消費貸借の典型的な例である。

商品ファンド

　投資家から集めた資金を原油，貴金属，穀物等の商品先物取引などの商品投資で運用し，得られた収益を投資家に分配するもの。商品ファンドの設立形態には，信託型，匿名組合型，パートナーシップ型，任意組合型がある。

情報ベンダー

　金融商品の価格や金利，為替，経済指標などに関する情報を提供している会社をいう。

新株予約権

　新株予約権者（新株予約権を有する者）が会社に対してこれを行使したときに，会社が新株予約権者に対して新株を発行し，または新株の発行に代えて会社の有する自己の株式を移転する義務を負うものである。

新株予約権付社債

発行体の新株を取得する権利（新株予約権）が付された社債をいう。新株予約権は，発行体に対して発行時にあらかじめ定められた一定の期間（行使請求期間）内に一定の数の新株を一定の価額（行使価額）で発行することを請求できる権利である。新株予約権部分を社債部分から分離した分離型と分離できない非分離型がある。

信用取引

顧客が有価証券の売買取引を行うときに，証券会社から当該取引に必要な資金（信用買い）または有価証券（信用売り）を借り入れて行う取引。

有価証券の買付けを行う顧客は，資金を借りて有価証券を買い付け，その有価証券を証券会社に担保として差し入れ，後日，担保に差し入れた有価証券を売却するか，他から借り入れ，当初の借入資金を返済する。

有価証券の売付けを行う顧客は，有価証券を借り入れてこれを売却し，売却代金を証券会社に担保として差し入れ，後日，担保に差し入れた資金または新たに借り入れた資金により有価証券を買付けし，当初の借入有価証券を返済する。

スワップション

金利スワップにオプションを組み合わせた複合金融商品。例えば，借入金の金利上昇リスクを回避するためにスワップションを利用した場合を考える。金利が低いままで推移すると判断したら，権利を放棄し，反対に上昇すると判断したら権利行使をしてスワップ取引により変動金利を固定化することができる。したがって，通常の金利スワップでは金利が低くなったときに享受できないメリットを，オプション料を支払うことにより得られるようになる。

スワップ取引

一定の条件のもとに，取引相手との間で金利や為替等を交換する取引をいう。

政策保有目的の株式

銀行等の金融機関が取引先との関係維持を目的として保有する株式をいう。

ただし，金融機関が，国内の一般事業会社の総株主の議決権の5％（保険会社の場合は10％）を超えて保有することは，独占禁止法で禁じられている。これは金融機関による事業会社の支配を予防することを趣旨としている。しかし，公正取引委員会が規則に基づいて個別に認可した場合や，担保権の行使の結果として株式を取得する場合などは，5％を超えて議決権を保有することができるとされている（独禁法11）。

清算貸借対照表

会社が法律によりまたは任意により解散した場合に義務付けられている計算書類であり，通常の事業年度に作成する貸借対照表とは作成目的が異なる。

通常は継続企業の前提に立ち，財産の評価は取得原価主義が原則であるが，清算貸借対照表は会社解散後に財産を処分して現金化し，債権者に債務を弁済し，残余財産を株主に分配することを目的にしているため，各資産は処分価額で評価される。よって，取得原価ではなく時価による評価が重要となる。

ゼロ・コスト・オプション

一般のオプション取引ではオプション料がかかるが，オプション料を払わないオプションがゼロ・コスト・オプションである。例えば，通貨オプションで考えると輸入業者がドル売り・円買いのために以下のような契約を結ぶ。

円コール・ドルプットの購入	行使レート	1ドル120円
円プット・ドルコールの売却	行使レート	1ドル125円
金額100万ドル	オプション料	0円

輸入業者は，為替レートが1ドル120円以上円高になると円高によるリスクを回避でき，逆に1ドル125円以上円安になったときに円安のメリットを享受できる。よって，ゼロ・コスト・オプションはデリバティブ取引が組み合わされた複合金融商品となる。

想定元本

デリバティブ取引において，決済金額等の算出に利用するための名目上の元本の額として取引の当事者があらかじめ定めた通貨の金額，株式の数，重量もしくは容積その他の単位の数値をいう。

た

第一次債務者の地位から免責される場合

例えば，契約によって，保証債務における催告の抗弁のように，原債務者が原債権者からの履行請求につき原債務を引き受けた第三者が実行することを主張できるような場合や，原債権者に対して原債務を引き受けた第三者による履行の法的措置を取り，当該第三者による債務不履行の場合を除き，原債務者が原債権者から債務の履行を請求されることがないときが該当すると考えられる。

他社株転換社債

第三者の発行する株式（上場株式または店頭公開株式）に転換する権利を付した社債をいう。社債権者にとって，組込デリバティブのリスクが社債元本に及ぶ可能性がある。

通貨スワップ取引

取引の当事者が約定した元本額および金利（金利を基礎として計算される指数その他の指標を含む）に基づいて計算される異種の通貨の金利ならびに元本に相当する額の金銭を相互に支払う（交換する）ことを約する取引をいう。

DCF法（割引現在価値法）

Discounted Cash Flow法の略。将来生み出すと予想されるキャッシュ・フローの現在価値を合計し，これをもとに金融商品の評価額を算出する方法をいう。

デット・アサンプション

企業が有する特定の債務の元利金の支払について，銀行等との間で債務履行引受契約を締結し，当該債務を銀行等が引き受けると同時に，企業は銀行等に対して見返りの資金を支払い，原債務の履行を免れる取引のこと。

デット・エクイティ・スワップ（DES）

債務の株式化のことであり，債権者と債務者の貸付実行後の合意に基づき，債務者側からみて債務を株式化する取引をいう。会社再建計画の一環として行われる場合が一般的である。

デット・デット・スワップ（DDS）

既存の債権を別の条件の債権と交換する取引。債権を他の債権よりも弁済が劣後する債権に交換するもので，デット・エクイティ・スワップ同様，会社再建計画の一環として行われる場合が一般的である。

デリバティブ

ある原資産の参照レート（TIBOR等），インデックス（日経平均株価，TOPIX等）の価値から派生した取引や証券のことをいい，さまざまな形態のものがある。デリバティブの特徴として，初期投資がゼロか少額であることや，時価が常に変動していくこと，主に差金決済（純額決済）が行われること等が挙げられる。このような特徴を利用して，主にリスクヘッジや投機，裁定取引を目的に行われる。デリバティブは，一般的に金融派生商品と訳される。

転換社債型新株予約権付社債

募集要項において，①社債と新株予約権がそれぞれ単独で存在し得ないこと，②新株予約権が付された社債を当該新株予約権行使時における出資の目的とすること，をあらかじめ明確にしている新株予約権付社債。従来の転換社債と経済的実質は同一で，一括法による会計処理が認められている。

特定取引勘定

銀行等の金融機関が自己の計算で金利や為替，有価証券価格の変動や市場間格差を利用して利益を得ることを目的とした取引（トレーディング）を行うための特別勘定をいう。

東京銀行間取引金利（TIBOR）

東京市場における主要銀行間の取引金利のことをいい，企業向け貸出金利の指標とされている。

東京ターム物リスク・フリー・レート（TORF）

　株式会社QUICKベンチマークス（QBS）が，金融機関の信用リスクをほぼ含まない「無担保コール翌日物金利」を原資産とするデリバティブ取引のデータから算出・公表するロンドン銀行間取引金利（LIBOR）の後継指標の１つ。

特別目的会社

　資産の原保有者から資産の譲渡を受け，株式や債券を発行するような特別の目的のために設立される会社。事業内容が特定されており，ある特定の事業を営むことを目的とした会社で，一般にSPC法と呼ばれる「資産の流動化に関する法律」の規定に基づいて不動産，指名金銭債権など資産の流動化を目的としている。

　金融資産の譲受人が特別目的会社の場合，一定の条件の下，当該証券の保有者が金融資産の譲受人とみなされることになる。

は

破産更生債権等

　経営破綻または実質的に経営破綻に陥っている債務者に対する債権をいう。

評価額等に関する用語の定義

①　取得価額

　金融資産の取得にあたって支払った対価の支払時の時価に，手数料その他の付随費用を加算したものをいう。なお，債券を流通市場から購入する場合に支払う前利払日から債券の受渡日までの経過利子は，原則として債券の取得価額に含めない。

②　取得原価

　一定時点における同一銘柄の金融資産の取得価額の合計額から，前回計算時点より当該一定時点までに売却した部分に一定の評価方法を適用して計算した売却原価を控除した価額をいう。

③　償却原価

　債権または債券を債権金額または債券金額より低い価額または高い価額で取得した場合において，当該差額が主に金利の調整部分に該当するときに，これを弁済期または償還期に至るまで毎期一定の方法で取得価額に加算した後の価額をいう。

④　帳簿価額

　一定時点において帳簿上に記載している金融資産または金融負債の価額（取得原価または償却原価から評価性引当金を控除した後の金額）をいう。

⑤　貸借対照表価額

　期末において貸借対照表に記載している金融資産または金融負債の価額をいう。なお，貸借対照表上，貸倒引当金がある場合には，債権または債券から当該残高を控除した後の金額が貸借対照表価額となる。

⑥　評価差額

　期末において貸借対照表上に記載した金融資産または金融負債の時価とその帳簿

価額（取得原価または償却原価から評価性引当金を控除した後の金額）との差額をいう。

複合金融商品

デリバティブが内在している貸出金・預金，仕組債，新株予約権付社債など，複数の金融商品が組み合わされている金融商品をいう。複合金融商品には，新株予約権付社債のような払込資本を増加させる可能性のある部分を含む複合金融商品と通貨オプション付定期預金やゼロ・コスト・オプションのようなその他の複合金融商品がある。

部分ヘッジ

ヘッジ対象の金額の一定割合またはヘッジ対象の保有期間の一部の期間のみを対象としてヘッジを行うことをいう。金融商品会計実務指針第150項でもヘッジ会計の適用が認められていますが，この場合にもヘッジ会計の要件を満たす必要がある。

ブラック・ショールズ・モデル

オプションの理論価格を算定する計算モデル。アメリカの経済学者フィッシャー・ブラック氏とマイロン・ショールズ氏が考案したため，このような名前がついている。その本質は，本源的価値に確率と時間の要素を加味したものである。

計算に必要なデータ（株価，行使価格，期間，変動率，金利）が容易に入手でき，計算も簡易に行うことができるため，実務界では広く用いられている。

振当処理

決算日レートで換算される外貨建金銭債権債務および外貨建有価証券について，為替予約等（通貨オプション，通貨スワップ等を含む）により為替変動リスクのヘッジを行った場合，繰延ヘッジのほかに，為替予約等をヘッジ対象である外貨建金銭債権債務等に振り当てる処理（振当処理）が認められている。

ヘッジ会計

ヘッジ取引のうち一定の要件を満たすものについて，ヘッジ対象に係る損益とヘッジ手段に係る損益を同一の会計期間に認識し，ヘッジの効果を会計に反映させるための特殊な会計処理をいう。

ヘッジ取引

ヘッジ取引とは，ヘッジ対象の資産・負債に係る相場変動を相殺するか，ヘッジ対象の資産・負債に係るキャッシュ・フローを固定してその変動を回避することにより，ヘッジ対象の資産・負債の価格変動，金利変動および為替変動といった相場変動等による損失の可能性を減殺することを目的として，デリバティブ取引をヘッジ手段として用いる取引をいう（金融商品会計基準96）。リスクを回避したい資産・負債を「ヘッジ対象」，リスクを回避する手段としてのデリバティブ取引を「ヘッジ手段」という。

包括ヘッジ

　ヘッジ対象が複数の資産・負債から構成されている場合に行うヘッジをいう。

ま

モーゲージ証券

　抵当証券会社が発行する取引証をいう。主に中小企業や個人事業主向けの不動産に対する抵当権と担保される債権を証券化したものが抵当証券で，融資実行会社である抵当証券会社からの申請に基づき，抵当権の管轄登記所が作成する。抵当証券会社は抵当証券を小口化して投資家に販売し，抵当証券を裏付けとしたモーゲージ証券を発行する。

や

有価証券の減損処理

　評価差額が損益に計上される売買目的有価証券以外の有価証券において，時価または実質価額の著しい下落により，当該時価または実質価額を翌期首の取得原価とするために，取得原価を強制的に切下処理し，当該切下額を損益計算書で損失として処理することをいう。

　金融商品会計基準の導入前までは，時価または実質価額が取得原価を大幅に下回ったことにより損益計算書で評価損を認識する有価証券の減損について，取得原価の強制的な切下げを伴うことから「強制評価減」と称されていた。しかし，金融商品会計基準導入によって，売買目的有価証券およびその他有価証券について，原則的に時価をもって貸借対照表価額とされ，毎期末に時価評価が強制されることとなった。金融商品会計基準では，この「強制評価減」と区別するために「減損処理」として定義している。

予定取引

　未履行の確定契約に係る取引および契約は成立していないが，取引予定時期，取引予定物件，取引予定量，取引予定価格等の主要な取引条件が合理的に予測可能であり，かつ，それが実行される可能性が極めて高い取引をいう（金融商品会計基準注解（注12））。

ら

ローン・パーティシペーション

　金融機関等からの貸出債権に係る権利義務関係を移転させずに，原貸出債権に係る経済的利益とリスクを原貸出債権の原債権者から参加者に移転させる契約をいう。

【執筆者紹介】————————————————————————————————

佐久間　大輔

公認会計士　金融事業部
銀行業を中心に，リース業，信用金庫，信用組合等の監査業務，大手金融機関の内部統制高
度化支援，地域銀行の経営統合に関するコンサルティング業務に従事するほか，法人内外の
セミナー講師なども務める。
共著に，『図解でざっくり会計シリーズ5　連結会計のしくみ（第2版）』，『設例でわかる
資本連結の会計実務』，『ケース別　債務超過の会計実務』，『ここが変わった！　税効果会計』，
『図解でスッキリ　デリバティブの会計入門』，『そこが知りたい！　「のれん」の会計実務』，
『ヘッジ会計の実務詳解Q&A』（以上，中央経済社）など多数。また，雑誌への寄稿も数多
く行っている。

【編者紹介】────────────────────────────────

EY | Building a better working world

EY新日本有限責任監査法人について
EY新日本有限責任監査法人は，EYの日本におけるメンバーファームであり，監査および保証業務を中心に，アドバイザリーサービスなどを提供しています。
詳しくはey.com/ja_jp/people/ey-shinnihon-llcをご覧ください。

EYは，「Building a better working world〜より良い社会の構築を目指して」をパーパス（存在意義）としています。クライアント，人々，そして社会のために長期的価値を創出し，資本市場における信頼の構築に貢献します。
150カ国以上に展開するEYのチームは，データとテクノロジーの実現により信頼を提供し，クライアントの成長，変革および事業を支援します。
アシュアランス，コンサルティング，法務，ストラテジー，税務およびトランザクションの全サービスを通して，世界が直面する複雑な問題に対し優れた課題提起（better question）をすることで，新たな解決策を導きます。
EYとは，アーンスト・アンド・ヤング・グローバル・リミテッドのグローバルネットワークであり，単体，もしくは複数のメンバーファームを指し，各メンバーファームは法的に独立した組織です。アーンスト・アンド・ヤング・グローバル・リミテッドは，英国の保証有限責任会社であり，顧客サービスは提供していません。EYによる個人情報の取得・利用の方法や，データ保護に関する法令により個人情報の主体が有する権利については，ey.com/privacyをご確認ください。EYのメンバーファームは，現地の法令により禁止されている場合，法務サービスを提供することはありません。EYについて詳しくは，ey.comをご覧ください。

本書は一般的な参考情報の提供のみを目的に作成されており，会計，税務およびその他の専門的なアドバイスを行うものではありません。EY新日本有限責任監査法人および他のEYメンバーファームは，皆様が本書を利用したことにより被ったいかなる損害についても，一切の責任を負いません。具体的なアドバイスが必要な場合は，個別に専門家にご相談ください。
ey.com/ja_jp

現場の疑問に答える会計シリーズ・3

Q&A 金融商品の会計実務（第2版）

2019年8月25日	第1版第1刷発行
2021年3月25日	第1版第2刷発行
2023年2月15日	第2版第1刷発行

編　者　EY新日本有限責任監査法人
発行者　山　本　　　　継
発行所　㈱中　央　経　済　社
発売元　㈱中央経済グループ
　　　　パ ブ リ ッ シ ン グ

〒101-0051　東京都千代田区神田神保町1-31-2
電話　03 (3293) 3371 （編集代表）
　　　03 (3293) 3381 （営業代表）
https://www.chuokeizai.co.jp
印刷／昭和情報プロセス㈱
製本／㈲井上製本所

＊頁の「欠落」や「順序違い」などがありましたらお取り替えいたしますので発売元までご送付ください。（送料小社負担）

ISBN978-4-502-45011-2　C3034

図解でざっくり会計シリーズ　全9巻

新日本有限責任監査法人 ［編］

本シリーズの特徴
- ■シリーズキャラクター「ざっくり君」がやさしくナビゲート
- ■コンセプトは「図とイラストで理解できる」
- ■原則，1テーマ見開き
- ■専門用語はできるだけ使わずに解説
- ■重要用語はKeywordとして解説
- ■「ちょっと難しい」プラスαな内容はOnemoreとして解説

■中央経済社■